Baedekers

AUGSBURG

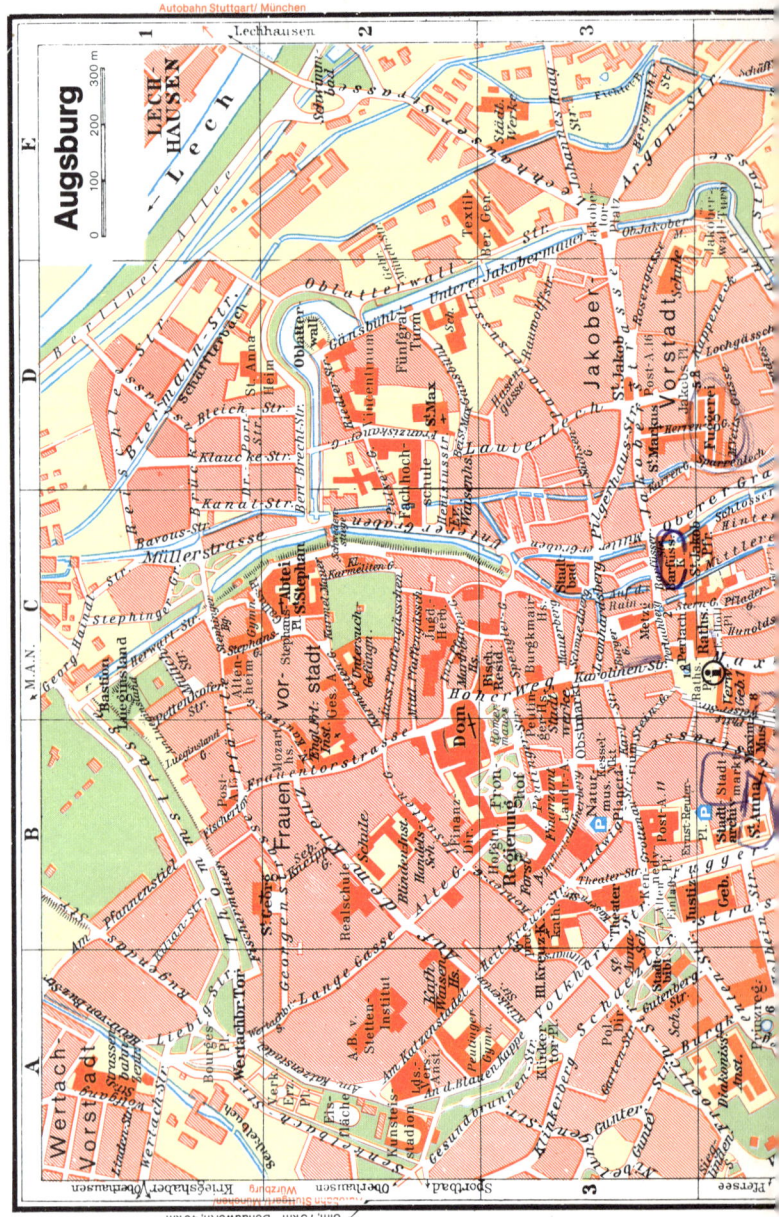

Augsburg

LECH-HAUSEN

0 100 200 300 m

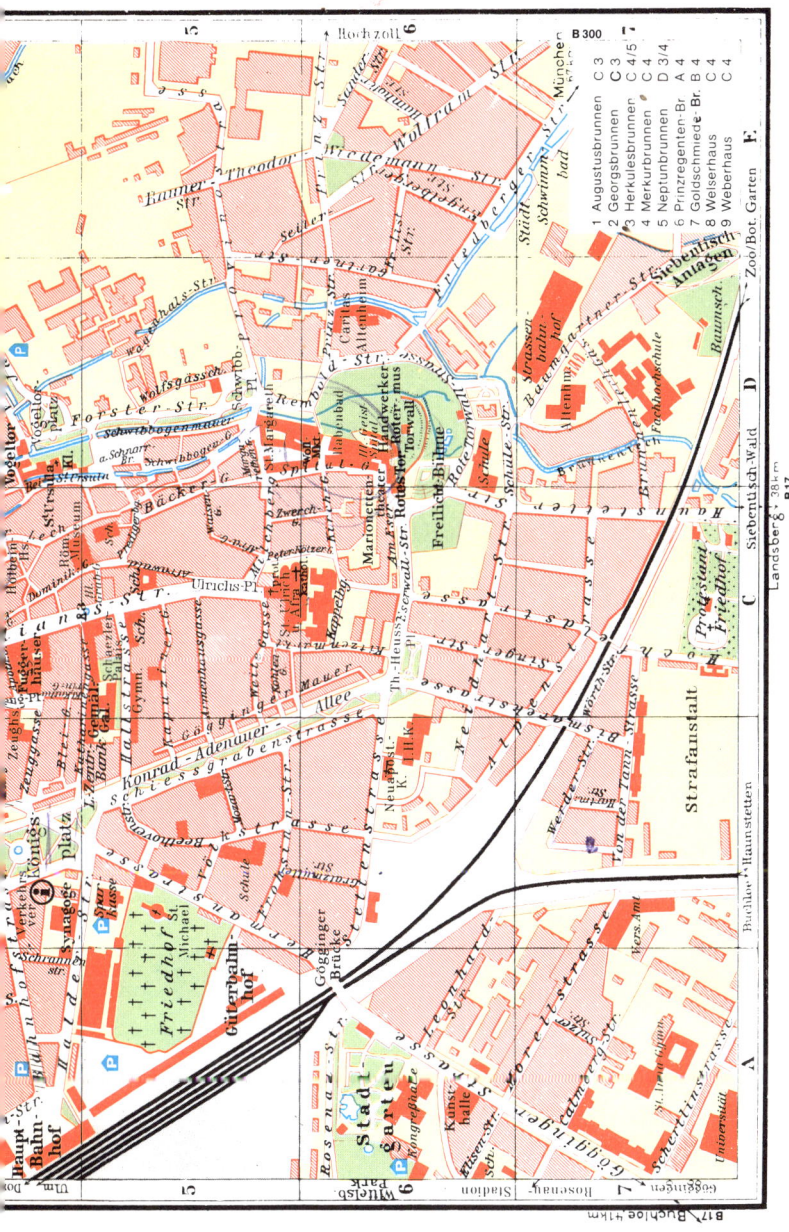

1 Augustusbrunnen — C 3
2 Georgsbrunnen — C 3
3 Herkulesbrunnen — C 4/5
4 Merkurbrunnen — C 4
5 Neptunbrunnen — D 4
6 Prinzregenten-Br. — A 4
7 Goldschmiede-Br. — B 4
8 Welserhaus — C 4
9 Weberhaus — C 4

Zoo/Bot. Garten

Siebentisch-Anlagen

Städt. Schwimmbad

Brunnenstr.

Protestant. Friedhof

Strafanstalt

Landsberg 38 km

B 17

Siebentisch-Wald

Haunstetterstr.

Buchloe Haunstetten

Konrad-Adenauer-Allee

Schiessgrabenstrasse

Königs-platz

Synagoge

Friedhof Michael-str.

Güter-bahn-hof

Haupt-Bahn-hof

Gögginger Brücke

Rosenau-str.

Stadt-Garten

Rosenaupark

Wer.-Amt

Göggingen

Ulm

Theodor-Heuss-str.

Wiedemann-strasse

Wolfram-str.

Forster-Str.

Bäcker-g.

Ulrichs-Pl.

Handwerker-haus

Freilich-Bühne

Rote Tor

Marionetten-theater

Baumgartnerstr.

Fröbelschule

F.
E.
D.
C.
A.

STERNCHEN (*)
als Mittel zur Hervorhebung bedeutender Bau- und Kunstwerke,
Naturschönheiten, Aussichten
oder auch besonders guter Hotels und Restaurants
hat Karl Baedeker im Jahre 1844 eingeführt;
sie werden auch hier verwendet.
Besonders Beachtenswertes ist durch ein Sternchen (*),
in seltenen Fällen auch durch zwei Sterne (**) gekennzeichnet.
Karten und Pläne: Christoph Gallus, Hohberg
Zeichnungen: Gerhard Gronwald (†), Katja Ungerer
und Elke Baedeker

Titelbild:
Wahrzeichen Augsburgs –
Perlachturm und Rathaus von Elias Holl

© 1998 Karl Baedeker GmbH, Ostfildern-Kemnat
Druck: Druckhaus Langenscheidt KG, Berlin-Schöneberg
Printed in Germany
ISBN 3-87954-001-2

VORWORT

Augsburg kann auf eine 2000jährige Geschichte zurückblicken und ist damit neben Kempten die älteste bayerische Stadt. Prägend für das Stadtbild war die Zeit ab dem Hochmittelalter, als sich die Bürger vom Bischof emanzipierten und sich unmittelbar unter den Schutz des deutschen Königs stellten. Prächtige Renaissancebauwerke aus der ‚goldenen Zeit' zeugen noch heute vom Selbstbewußtsein und Repräsentationswillen der Bürger. Aber auch Sakralbauten, allen voran der Dom, prägen das Gesicht der Stadt. Nicht wegzudenken sind die einzigartigen Industriedenkmäler, die sich als Zeugen der in Augsburg früh einsetzenden Industrialisierung erhalten haben. All dies wird in fünf Stadtrundgängen erschlossen, die das ganze Spektrum der abwechslungsreichen Geschichte von der Römerstadt zur Bischofsstadt, dann zur Reichsstadt und schließlich zur bayerischen Provinzhauptstadt zeigen.

Karl Baedeker (1801–59), der Gründer des Verlages, hat Augsburg schon 1842 in seinem ‚Reisehandbuch für Deutschland und den Österreichischen Kaiserstaate' beschrieben. 1968 widmete der Verlag erstmals dieser Stadt ein eigenes Bändchen. Seither ist die Beschreibung immer wieder bearbeitet und zuletzt von *Dr. Gabriele Rüttnauer* stark erweitert worden. Die vorliegende 7. Auflage aktualisierte *Dr. Wolfram Baer*. Unser Dank gilt auch dem *Verkehrsverein Augsburg*, der die Durchsicht der Praktischen Angaben besorgte.

Alle Angaben wurden sorgfältig geprüft. Bitte schreiben Sie an die Redaktion (Postfach 3162, 73751 Ostfildern), wenn Sie uns durch Berichtigungen oder Verbesserungsvorschläge für künftige Auflagen unterstützen möchten.

Karl Baedeker Verlag

INHALT

PRAKTISCHE ANGABEN VON A–Z   9

GESCHICHTE UND GEGENWART

Lage · Klima · Verkehrslage 18
Wirtschaftsleben 20
Kulturelles Leben 21
Stadtgeschichte... 22
Historische Persönlichkeiten 29

STADTBESCHREIBUNG

Stadtbesichtigung 1: Rathausplatz und Maximilianstraße .. 33
Stadtbesichtigung 2: Vom Ulrichsplatz zum
                      Elias-Holl-Platz 40
Stadtbesichtigung 3: Lechviertel und Jakoberstadt 46
Stadtbesichtigung 4: Westlicher Teil der Altstadt und
                      Domstadt 50
Stadtbesichtigung 5: Die nähere Umgebung 60

KARTEN UND PLÄNE

Stadtplan .... 2/3   Fuggerei 47
Augsburg im 16./18. Jh. .. 25   St. Anna 52
St. Ulrich und Afra 42   Dom St. Maria 54

PRAKTISCHE ANGABEN VON A–Z

Auskunft

Regio Augsburg Tourismus GmbH, Verkehrsverein Region Augsburg e.V., 86150 Augsburg, Bahnhofstr. 7 (300 m vom Hauptbahnhof), Tel. 08 21/5 02 07-0, Fax 5 02 07-45. Mo–Fr 9–18, *Tourist-Information* am Rathausplatz auch Sa und So 10–13 Uhr. Stadtinformationen, Zimmervermittlung, Besuchergruppen, Stadtführungen, Kongresse.

ADAC: Service-Center, Ernst-Reuter-Platz 3; Info-Service, Tel. 0 18 05/10 11 12; Pannenhilfe, Tel. 0 18 02/22 22 22; Straßenzustandsbericht, Tel. 0 11 69

Deutsche Bahn AG, Auskunft (Züge, Bahnbuslinien): Tel. 1 94 19

Banken

Übliche Öffnungszeiten: Mo–Mi 8.15 bis 16/16.30 Uhr, Do 8.15 bis 17.30 Uhr (teilweise Mittagszeit), Fr 8.15 bis 15/15.30 Uhr

Bibliotheken und Archive

Staatsarchiv Augsburg, Salomon-Idler-Str. 2, Tel. 57 50 25
Staats- und Stadtbibliothek, Schaezlerstr. 25, Tel. 3 24-27 39
Stadtarchiv, Fuggerstr. 12, Tel. 3 24-27 43
Stadtbücherei Augsburg, Gutenbergstr. 2, Tel. 3 24-27 52
Universitätsbibliothek, Universitätsstr. 22, Tel. 5 98 53 40

Bücher und Karten über Augsburg

Bildbände: *Baer/Maucal,* Alt-Augsburg – Bilder einer bayerischen Stadt; *Lieb,* Augsburg – Augusta Vindelicorum; *Blendinger/Zorn,* Augsburg – Geschichte in Bilddokumenten; *Vogel/Hampel,* Augsburg – Bild einer 2000jährigen Stadt; *Wegele,* Augsburg.

Geschichte, Kultur- und Wirtschaftsgeschichte: *Baer,* Augsburger Stadtlexikon; *Gottlieb,* Geschichte der Stadt Augsburg von der Römerzeit bis zur Gegenwart; *Häußler,* Alte Stadt mit Kriegsnarben; *Jesse,* Spaziergang mit Bert Brecht durch Augsburg; *Roeck,* Elias Holl, Architekt einer europäischen Stadt; *Wächter,* Augsburger Geschichtla; *Zorn,* Augsburg. Geschichte einer deutschen Stadt; *2000 Jahre Augsburg,* Das Buch zum Jubiläum.

Stadt- und Kunstführer: Augsburg in alten und neuen Reisebeschreibungen; *Lieb,* Der Dom zu Augsburg; *Liebhart,* Die Reichsabtei St. Ulrich und Afra zu Augsburg; *Schad,* Stadtführer Augsburg; *Schad,* Brunnen in Augsburg; *Scheidler,* Augsburger Kirchen; *Seybold,* Augsburg; *Weber,* Römisches Museum Augsburg.

Karten: Falk-Plan Augsburg 1 : 15 000; Städte-Verlag, Plan Augsburg 1 : 20 000, Kreis- und Freizeitkarte Augsburg 1 : 75 000.

Cafés

Altstadt-Café, Judenberg 6; *Bertele,* Philippine-Welser-Str. 4; *Dichtl,* Bahnhofstr.; *Drexl,* Maximilianstr. 18; *Eber,* Philippine-Welser-Str. 6; *Goldener Erker,* Maximilianstr. 22; *Hennemann* im Hotel Langer, Gögginger Str. 39; *Kuhsee-Café* am Kuhsee; *Café-Laxgang,* Spitalgasse 6; *Café Linse,* Färbergäßchen 5; *Max,* Maximilianstr. 67; *Café Mercedes,* Haunstetter Str. 173; *Stadler,* Maximilianstr. 49 und Bahnhofstr. 30; *Wiener Caféhaus Lochbrunner,* Karlstr. 15; *Zoo-Café,* Paul-Eipper-Str. 12; *Weinberger,* Stadtbergen, Bismarckstr. 55.

Essen und Trinken in Augsburg

Augsburger Küche. ‚Datschiburger‘ werden die Augsburger auch genannt – wegen ihrer Vorliebe für den Datschi, einen Hefeteigkuchen, dicht mit Zwetschgen beschichtet und mit Zimtzucker bestreut. Ansonsten stammen die typischen Gerichte aus der schwäbischen Küche: Mehlspeisen in allen Variationen (Strudel, Maultaschen, Flädle, Käs-Spatzen, Schupfnudeln, Dampfnudeln), das Bödele (geräuchertes Bauchfleich) oder Gruiben (ausgelassene Speckstücke), Schmalzbrote. Alle diese Köstlichkeiten kann man im Restaurant Bauerntanz in der Altstadt kosten.

Bier. Es gibt heute noch sieben Brauereien in Augsburg (Augusta-Brauerei, Brauhaus S. Riegele, Bürgerliches Brauhaus Augsburg-Göggingen, Zur Goldenen Gans, Hasen-Bräu AG, Gasthaus-Brauerei König von Flandern, Thorbräu), deren Erzeugnisse in den Augsburger Lokalen angeboten werden.

Fahrradverleih

Zweirad Bäuml GmbH, Jakoberstr. 70, Tel. 3 36 21.

Fundbüro

Fundbüro im Ordnungsamt, Hermannstr. 15, Tel. 3 24-42 14
Fundstelle der Verkehrsbetriebe, Königsplatz, Tel. 3 24-25 25
Fundbüro der DB, Hauptbahnhof, Tel. 3 26-24 74

Jahreskalender

Februar	*Literaturstadt Augsburg* mit Lesungen, Ausstellungen, Filmen etc., jedes Jahr einem anderen Schriftsteller gewidmet.
Ostern	*Osterplärrer* auf dem Plärrergelände; der Plärrer entstand aus den Dulten (Dult = Jahrmarkt, Messe mit Buden und Verkaufsstän-

den), die auf der Maximilianstraße abgehalten wurden. Aufgrund des immer größer werdenden Lärms bei diesen Volksfesten wurden Dult und Volksfest getrennt, das Volksfest wanderte auf einen Platz, auf dem man sich austoben und nach Belieben „plärren" konnte – daher der heutige Name ‚Plärrer'. Heute Schwabens größtes Volksfest. Gleichzeitiges Abhalten der *Frühjahrsdult* zwischen Jakobertor und Vogelmauer.

Mai	*Deutsches Mozartfest,* abwechselnd in anderen Städten und in Augsburg (alle 3 Jahre, 1999)
Juni/Juli	*Freilichtbühne* am Roten Tor
	Augsburger Reichstage (seit 1985 alle 3 Jahre): Bürgerfest in historischen Gewändern
	La Piazza: ein internationales Straßentheater-Festival in der Innenstadt
	Brunnenfest: rund um die Renaissance-Brunnen von Augsburg (alle 3 Jahre, 1999)
	X-Large: junges Kulturfestival nicht nur für die Jugend (alle 3 Jahre, 1998)
Ab 4. Juli	Ulrichs-Festwoche anläßlich des Namenstages des hl. Ulrich
Ende Juli/ Anfang August	*Jakober Kirchweih,* ein Bierfest in der Jakober Vorstadt
8. August	*Friedensfest,* gesetzl. Feiertag im Stadtgebiet von Augsburg. Wird seit 1650 gefeiert, ihm liegt die Dankesbezeugung der reformierten Bevölkerung zugrunde, die durch den Westfälischen Frieden ihre paritätischen Rechte wiedererlangt hatte.
Ende August/ Anfang September	*Herbstplärrer* auf dem Plärrergelände
Ab 29. September	*Turamichele-Tag.* Die auf dem Perlachturm stehende, bewegliche Figurengruppe, die von einem Uhrwerk angetrieben ist, wird am Michaelstag bewegt, was zugleich Anlaß für ein Stadtfest ist.
Anfang–Mitte Oktober	*Herbstdult* (Michaels-Dult) zwischen Jakobertor und Vogelmauer.
Ende November– 24. Dezember	*Christkindlesmarkt* auf dem Rathausplatz. Besonderer Mittelpunkt ist das Standbild von Kaiser Augustus, dem legendären Stadtgründer, der seinerzeit die Volkszählung durchführen ließ. Jeden Samstag und Sonntag wird um 18 Uhr das *Augsburger Engelesspiel* aufgeführt.

Kinder
Besondere Attraktionen für Kinder sind in Augsburg und Umgebung:
Augsburger Puppenkiste, Spitalgasse 15, Kartenvorbestellung Tel.
43 44 40.
Naturmuseum und Planetarium in der Ludwigspassage, Tel.
3 24-67 40, Öffnungszeiten s. S. 13.
Zoo Augsburg, Brehmplatz 1, Tel. 55 50 31, mit Schaufütterungen,
Elefantenreiten, Dampfbahnfahrten, Öffnungszeiten s. S. 13.
Western-City Fred Rai, Tel. 0 82 05/2 25, Dasing, Palmsonntag bis
Okt. Di–So 10–18 Uhr.

Notdienste
Notruf Tel. 110; Feuerwehr Tel. 112; Polizei Tel. 3 23-1; BRK
Rettungsdienst (Rotes Kreuz) Tel. 1 92 22; Nachtdienst der Ärzte
und Apotheken und Zahnärztlicher Notdienst sind der Tagespresse
zu entnehmen.
ADAC-Pannenhilfe, Tel. 1 92 11, tägl. 0–24 Uhr.
Krankenhäuser: Diakonissen, Fröhlichstr. 17, Tel. 31 60-1; Josefi-
num (Kinderkrankenhaus, Frauenklinik), Kapellenstr. 30, Tel.
41 07-1; St. Barbara, Klinik für innere Medizin, Bei St. Barbara 2,
Tel. 50 11-0; Vincentinum, Franziskanergasse 12, Tel. 31 67-1;
Friedberg, Herrgottsruhstr. 3, Tel. 6 00 40; Haunstetten, Sauer-
bruchstr. 6, Tel. 8 02-1; Waldhausklinik Deuringen, Stadtbergen,
Sandbergstr. 47–49, Tel. 43 10 21; Zentralklinikum, Stenglinstr. 2,
Tel. 4 00-1; Hessingsche orthopädische Kliniken, Hessingstr. 17,
Tel. 9 09-0.

Öffnungszeiten
Ballonmuseum Gersthofen, Bahnhofstr. 10, Sa, So 10–18 Uhr.
Botanischer Garten (S. 61), Dr. Ziegenspeck-Weg 10, 9–17 Uhr.
Brecht-Haus (S. 46), Auf dem Rain 7, Mi–So 10–16 Uhr.
Deutsche Barockgalerie im Schaezlerpalais (S. 38), Maximilianstr.
46, Mi–So 10–16 Uhr.
Fuggerei-Museum (S. 48), Mittlere Gasse 13, März–Okt. tägl. 9–18,
Nov.–23. 12. nur Sa, So 9–18 Uhr, 23. 12.–Febr. geschloss.
Graphische Sammlung im Schaezlerpalais, Mi–So 10–16 Uhr.
Historisches Handwerk am Handwerkerweg: Die Alte Silberschmie-
de (S. 45), Pfladergasse 10, Mo–Fr 9.30–18, Sa 9.30–13 Uhr; Die
Bäckerei (S. 43), Spitalgasse 6–8, Mo–Fr 7–8 Uhr Backen im
Holzkohleofen; die Gerberei (S. 45), Vorderer Lech 32, Mo–Fr
9.30–12.30 und 14.30–18, Sa 9.30–12.30 Uhr; Geigenbauerwerk-
statt, Dominikanergasse 22, Di–Fr 10–13 und 14–18, Sa 10–13
Uhr; Schäfflerei, Schwibbogengasse 27, nach Vereinbarung;
Schäfflerhof mit Brunnen, Schwibbogengasse 9, tgl. 8–17 Uhr;
Wasserrad, am Schwallech in der Schwibbogengasse, jederzeit

zugängl.; Holzbildhauerwerkstatt, Spitalgasse/Kirchgasse, Di–Fr 9–12 Uhr und 14–18, Sa 9–13 Uhr; Kastenturm, Beim Rabenbad 6, nach Vereinbarung; Schwäbisches Handwerkermuseum, im ehemaligen Brunnenmeisterhaus, Mo–Fr 13–17, Mo und Di 9–12, Sonn- u. Feiertage 10–17 Uhr.

Holbeinhaus (S. 45), Vorderer Lech 20, wechselnde Ausstellungen zeitgenössischer Künstler.

Jüdisches Kulturmuseum (s. S. 60), Halderstr. 6–8, Di–Fr 9–16, So 10–17 Uhr.

Lutherstiege, Im Annahof 2, Di–So 10–12 und 15–16 Uhr.

MAN-Museum, Heinrich-von-Buz-Str. 28, Mo–Fr 8–16 Uhr.

Maximilianmuseum (S. 50), Philippine-Welser-Str. 24, Mi–So 10–16 Uhr.

Mozarthaus (S. 58), Frauentorstr. 30, Mi–So 10–16 Uhr.

Naturmuseum und Planetarium (S. 58), Museum, Ludwigspassagen/ Im Thäle 3: Mi–So 10–16 Uhr; Planetarium, Ludwigstr. 2: Di, Mi 15, Do 15 und 19, Fr 15 und 20, Sa 14, 16, 18, 20 Uhr, So 14, 16, 18, 20 Uhr.

Neue Galerie (S. 38) im Höhmannhaus, Mi–So 10–16 Uhr.

Rathaus, Goldener Saal (S. 34), 10–18 Uhr.

Perlachturm (S. 35), April–Sept. 10–18, Okt. 10–16 Uhr

Römisches Museum in der ehem. Dominikanerkirche (S. 44), Dominikanergasse 15, Mi–So 10–16.

Schwäbisches Handwerkermuseum im Brunnenmeisterhaus (S. 44), Heilig-Geist-Spital, siehe Historisches Handwerk am Handwerkerweg.

Staatsgalerie Altdeutsche Gemälde im ehem. Dominikanerinnenkloster (Eingang Schaezlerpalais, S. 38), Maximilianstr. 46, Mi–So 10–16 Uhr.

Staatsgalerie in der Kunsthalle am Wittelsbacher Park (S. 60), Imhofstr. 7, Mi–So 10–16 Uhr.

Zoologischer Garten am Siebentisch-Wald (S. 62), Brehmplatz 1, ab 8.30 geöffnet, Ok.–März bis 17, Apr., Mai, Sept. bis 18, Juni–Aug. bis 18.30 Uhr.

Parkhäuser
Am Hauptbahnhof (A4); Schaezlerstr. 9a (B4); Viktoriapassage (A4); Ernst-Reuter-Platz 2 (B3/4); Halderstr. 9 (B5) und 29a (A5); Imhofstr. 12 (A6); Ludwigstr. 28 (B3); Vogeltorplatz 1 (D4)

Post
Telefonvorwahl: 08 21. Hauptpostamt, Grottenau 1; weitere Postämter in der Innenstadt: Am Hauptbahnhof, Viktoriastr. 3, Am Fischertor, Jakobsplatz 1, Spitalgasse 5

Restaurants

Hotelrestaurants → Unterkunft. Die Ruhetage sind in Klammern angegeben.

Bauerntanz (Mo vormittag), Bauerntanzgasse 1, Tel. 15 36 44, schwäbische Spezialitäten

Bräustüble Goldene Gans (So), Weite Gasse 11, Tel. 51 22 66, Vollwertgerichte

Die Ecke, Augsburger Künstlerlokal, Elias-Holl-Platz 2, Tel. 51 06 00

Fuggerkeller (So), Maximilianstr. 38, Tel. 51 62 60, Restaurant im historischen Fuggerhaus

Fuggerei-Stube (Mo), Jakoberstr. 26, Tel. 3 08 70, gutbürgerliche bayerische Küche

König von Flandern, Karolinenstr. 12, Tel. 15 80 50, mit selbstgebrautem Bier und bayerisch-schwäbischen Spezialitäten

Kuhsee-Restaurant, am Kuhsee (Di), Seeterrasse, Tel. 6 10 13

Maximiliianklause (Mo), Jesuitengasse 18, Tel. 51 05 65, historische Gewölbe

Ratskeller, Elias-Holl-Platz, Tel. 34 52 00

Restaurant im Feinkost Kahn (So), Annastr. 16, Tel. 31 20 31

Vierunddreißig, Hunoldsgraben 34, Tel. 3 92 94

Welser-Kuche im Stiermannhaus, Maximilianstr. 83, altschwäbisches Essen im Stil des 15./16. Jhs. nach Originalrezepten des Kochbuches der Philippine Welser, Platzreservierung erforderlich, Tel. 0 82 31/9 61 10, an Doppelfeiertagen geschlossen

Zeughaus-Stuben im Zeughaus (So), Zeugplatz 4, Tel. 51 16 85, mit Biergarten

Zum Goldenen Stern, Friedberger Str. 103, Tel. 6 22 25, Wildspezialitäten

Zum Weißen Hasen, Annastr./Unter dem Boden 4 (Fußgängerzone), Tel. 51 85 08, bayer.-schwäbische Spezialitäten

Zur Wolfsklause, Wolfsgäßchen 1 ½, Tel. 55 01 30

Chinesisch: Palace, Bahnhofstr. 21, Tel. 3 88 13

Griechisch: Poseidon, Maximilianstr. 66, Tel. 15 29 66

Italienisch: Cesare, Schießgrabenstr. 4, Tel. 31 26 03; Ristorante Italia (So), Viktoriapassage, Tel. 15 44 25

Weinstuben:

Der Weinbäck (So), Spitalgasse 8, Tel. 3 79 11

Feuervogel, Hunoldsgraben 39, Tel. 51 60 47

Gögginger Weinklause (So, Mo) Schwabenweg 5, Tel. 9 11 86

Kaiser-Augustus-Weinstuben (So), Frauentorstr. 51, Tel. 51 91 89

Weinstube Sedlmeier, Mauerberg 16a, Tel. 51 72 19

Sport

Badeseen: Autobahnsee, Bergheimer Baggersee, Friedberger Baggersee, Ilsesee Königsbrunn, Kissinger Baggersee, Kuhsee am Hochablaß, Weitmannsee

Ballonfahrten: Startplatz Gersthofen, Via Claudia, Auskünfte: Tel. 49 93 93

Bootsverleih: Die Kahnfahrt, Riedlerstr. 11, Tel. 3 55 16; Restaurant am Kuhsee, Tel. 6 10 14

Bowling: Halderstr. 5

Golf: Burgwalden (Bobingen), Tel. 0 82 34/56 21, Mitglieder anderer Golfclubs haben Spielberechtigung gegen Greenfee

Hallenbäder: Bobingen, Parkstr. 3, Tel. 0 82 34/37 31
Friedberg, Aichacher Str. 7, Tel. 60 02-1 01
Spickelbad, Siebentischstr. 4, Tel. 3 24-67 12
Gersthofen, Brucknerstr. 1a, Tel. 24 91-3 21
Göggingen, Anton-Bezler-Str. 2, Tel. 3 24-62 49
Haunstetten, Johann-Strauß-Str. 1a, Tel. 3 24-61 84
Königstherme Königsbrunn, Königsallee 1, Tel. 0 82 31/9 62 80
Schwimmschulstr. 7, Tel. 3 24-67 10
Stadtbad am Leonhardsberg, Tel. 3 24-67 07, röm.-irisch. Bad
Stadtbergen, Beim Hallenbad 1, Tel. 2 43 81 23

Freibäder: Friedberger Str.; Gersthofen, Sportallee; Haunstetten, Roggenstr. (Naturfreibad); Lechhauser Str.; Schwimmschulstr. (Frei- und Sportbad); Bobingen, Parkstr.

Fußballplätze: Sportanlage Süd, Ilsungstr. 15a; Sportanlage Nord, Donauwörther Str. 170; Sportanlage Göggingen, Pfarrer-Bogner-Str. 20; Sportanlage Haunstetten, Unterer Talweg 4–6

Kegelbahnen: Sporthalle Augsburg, Ulrich-Hofmaier-Str. 40c; Kegelsportzentrum am Eiskanal 22

Kunsteisbahn: Curt-Frenzel-Eisstadion, Senkelbachstr. 2

Kanu-Slalom-Strecke: am Hochablaß

Stadion: Rosenaustadion, Stadionstr. 21, Tel. 3 24-29 36; Kunsteisstadion Haunstetten, Sportplatzstr.

Trimm-Dich-Pfade: Siebentisch-Wald (Parkplatz bei der Sportanlage Süd, Ilsungenstr.); ,Wolfzahnau' (Wertach/Lech) Leitershofen, beim Café Völk; *Waldlehrpfade:* im Siebentisch-Wald (Start am Stempflesee)

Stadtführungen

Die Tourist-Information bietet einen etwa zweistündigen *Stadtrundgang* ab Rathaus an: 1. Jan.–9. Mai Sa 14 Uhr, 16. Mai–18. Okt. tgl. 10.30 Uhr, 18. Okt.–27. Dez. Sa 14 Uhr. Zusätzliche Führungen an Ostern und in der Adventszeit. Infos bei der Tourist-Information, Tel. 5 02 07-0. Ergänzend bietet die Fa. Domberger *Stadtrundfahrten* ab

Rathaus an: 21. Mai–18. Okt. Do–So 14 Uhr. Infos bei Fa. Domberger, Tel. 5 02 25 33.

Taxi

Taxistandplätze: Am Hauptbahnhof, Königsplatz, Maximilianstr. (vor Steigenberger Hotel Drei Mohren) und in der Karlstr.
Taxi-Ruf Tel. 3 50 25 und 3 63 33
Fahrdienst für Rollstuhlfahrer, Malteser Hilfsdienst, Tel. 51 80 81
Mini-Car Tel. 3 30 11

Unterhaltung

Bars und Nachtlokale: Apricot, Theaterstr. 12; Bistro 3M, Maximilianstr. 40; Café Eickmann, Prinzregentenstr. 1; Lucky's Club Afra, Afrawald 2; Maxim, Theaterstr. 6; Nightclub Cabaret Apollo, Fuggerstr. 14
Diskotheken/Tanz: Karat, Bahnhofstr. 17; Rockfabrik, Riedingerstr. 24; Tropicana, Friedberg, Seestr. 25; Übernacht, Maximilianstr. 71; Wunderbar, Philippine-Welser-Str. 11; YumClub, Halderstr. 1
Kinos: Stadtkino im Zeughaus, Zeughausplatz 4; Filmbühne, Philippine-Welser-Str. 11; Filmpalast, Maximilianstr. 30; Capitol, Am Moritzplatz.
Konzerte: Im Hohen Dom zu Augsburg (in der Regel Sa und So); in der Kongreßhalle, Gögginger Str. 10 (Karten bei Böhm & Sohn); im Kleinen Goldenen Saal, Jesuitengasse 12 (Karten bei Böhm & Sohn); im Mozarthaus, Frauentorstraße (Karten bei Böhm & Sohn); in der Barfüßerkirche.
Theater: Stadttheater, Kennedyplatz (Karten Tel. 3 66 04); Freilichtbühne am Roten Tor (Karten Tel. 3 66 04); Damenhof, Maximilianstraße; ‚Augsburger Puppenkiste' Marionettentheater, Spitalgasse 15 (nur telef. Kartenvorbestellung, Tel. 43 44 40); Komödie, Vorderer Lech 8 (Karten Tel. 3 24-49 78); Spielküche im Haupthaus, Henisiusstr. 1 (Karten Tel. 15 57 77); Kurhaustheater Göggingen, Klausenberg 6, Tel. 9 06 22 22. Allgemeine Vorverkaufsstellen (nicht für Städtische Bühnen): AZ-Kartenservice, Ludwigstr. 2, Tel. 51 36 35; Böhm & Sohn, Ludwigstr. 15, Tel. 5 02 84 25.

Unterkunft

Hotels. Wir nennen eine Auswahl bewährter Häuser. Die hochgestellte Ziffer hinter dem Namen bezeichnet die Preiskategorie: Hotel[1] über 100 DM, Hotel[2] 75–100 DM, Hotel[3] unter 75 DM für ein Einbettzimmer mit Dusche/Bad inkl. Frühstück.
Alpenhof Ringhotel[1], 250 B., Donauwörther Str. 233, Tel. 4 20 40; *Am Rathaus*[1], 60 B., Hinterer Perlachberg 1, Tel. 34 64 90; *Augsburger Hof*[1], 68 B., Auf dem Kreuz 2, Tel. 31 40 83; *Augusta*[1], 220 B., Ludwigstr. 2, Tel. 5 01 40; *Cira*[1], Kurt-Schumacher-Str. 6, Tel.

7 94 40; *Dom-Hotel*[1], 80 B., Frauentorstr. 8, Tel. 15 30 31; *Ibis*[1], 152 B., Hermannstr. 25, Tel. 5 03 10; *Inter City*[1], 240 B., Halderstr. 29, Tel. 5 03 90; *Steigenberger Drei Mohren*[1], 170 B., Maximilianstr. 40; Tel. 5 03 60.
Fischertor[2], 34 B., Pfärrle 16, Tel. 34 58 30; *Jakoberhof*[2], 80 B., Jakoberstr. 39/41, Tel. 51 00 30; *Ost am Kö*[2], 85 B., Fuggerstr. 4–6, Tel. 50 20 40; *Theratel*[2], 35 B., Nanette-Streicher-Str. 4, Tel. 90 60 40.
Bayerischer Hof[3], 47 B., Donauwörther Str. 95, Tel. 41 60 04; *Georgsrast*[3], 32 B., Georgenstr. 31, Tel. 50 26 10; *Linderhof*[3], 32 B., Aspernstr. 38, Tel. 71 30 16; *Märkl*[3], 50 B., Schillstr. 20, Tel. 79 14 99; *Von den Rappen*[3], 32 B., Äußere Uferstr. 3, Tel. 21 76 40; *Weinberger*[3], 31 B., Stadtbergen, Bismarckstr. 55, Tel. 24 39 10.
Campingplätze. An der Autobahnausfahrt Augsburg-Ost: *Augusta am Autobahnsee*, Mühlhauser Str. 54; *Lech-Camping*, ABA Augsburg-Ost (U49 Richtung Neuburg).
Jugendherberge. Beim Pfaffenkeller 3, Tel. 3 39 09, 138 B.

Verkehr

Flugverkehr: Flughafen Augsburg, 1,5 km nördlich, AB-Ausfahrt Augsburg-Ost. Regionalfluglinie „Augsburg Airways" (Team Lufthansa), Tel. 01 80-3 33 34 34.
Fernverkehr: Bundesbahn mit ICE-Anbindung, ab Hauptbahnhof in Richtung Stuttgart/Karlsruhe, Würzburg/Frankfurt, München/Salzburg, Lindau/Zürich. Auskunft im Hauptbahnhof, Tel. 1 94 19. Telefonischer Ansagedienst: Richtung Westen Tel. 1 15 31, Richtung Norden und Süden Tel. 1 15 32.
Autobahn: Zwei Abfahrten von der A8 München-Stuttgart: Bei Augsburg-Ost fährt man auf der Mühlhauser Str., bei Augsburg-West auf der Donauwörther Str. in die Stadt.
Stadtverkehr: 31 Bus- und drei Straßenbahnlinien verbinden Augsburg-Stadt und die Außenbezirke, sie verkehren in der Regel täglich bis 24 Uhr. Knotenpunkt für Busse und Straßenbahnen ist der Königsplatz. Einzelfahrausweise und Streifenkarten gibt es beim Wagenführer. Tagesfahrkarten, Monatskarten und Streckenfahrpläne erhält man bei der Verkaufsstelle der Verkehrsgemeinschaft Augsburg (VGA), Königsplatz, Tel. 3 24-25 25. Auskünfte beim Augsburger Verkehrsverbund: AVV-Information, Viktoriastr. 1, Tel. 15 70 00. Wer sich in der Innenstadt fortbewegen will, sollte die Parkhäuser ansteuern und von dort aus die öffentlichen Verkehrsmittel benutzen. Die Zufahrten zu den Parkhäusern sind beschildert.

Zeitungen

Augsburger Allgemeine, Curt-Frenzel-Str. 2 und Maximilianstr. 9 (tgl.), Stadtzeitung, Konrad-Adenauer-Allee 11 (wöchentl.), Augsburg-Journal, Zeuggasse 5 (monatl.).

GESCHICHTE UND GEGENWART

 Das **Stadtwappen** zeigt im gespaltenen Schild die rot-weißen Farben der ehemaligen bischöflichen Stadtherren. Die grüne Zirbelnuß (Pyr = Pinienzapfen) auf goldenem, mit einem gekrönten Köpfchen belegten Kapitell ist einem antiken Fruchtbarkeitssymbol und römischen Feldzeichen nachgebildet. Das älteste noch erhaltene Stadtsiegel hängt an einer Urkunde von 1237. Eine ausdrückliche Wappenverleihung erfolgte nie, da die Pyr bereits Tradition hatte, als Wappenbriefe aufkamen. *Schutzpatrone* der Stadt sind Ulrich und Afra. Die Stadt Augsburg erhielt ihren Namen ‚Augusta Vindelicorum' vermutlich von Kaiser Tiberius. Die hier wohnenden Licatii gehörten nämlich zum Stamm der Vindeliker. Unter Diokletian wurde ‚Augusta' gebräuchlich; 832 heißt sie bereits Augustburg.

Städtepartnerschaften bestehen mit dem amerikanischen Dayton (Bundesstaat Ohio), dem nordostschottischen Inverness, dem französischen Bourges und den japanischen Städten Amagasaki (auf Hinshu) und Nagahama (auf Hondo). Für die vertriebenen Deutschen der Städte Neudek und Reichenberg wurden Patenschaften seitens der Stadt Augsburg übernommen.

Lage. Augsburg (489 m), das Tor zum Allgäu, in die Alpen und in den Süden, liegt auf 48° 21′ nördlicher Breite und 10° 52,2′ östlicher Länge am Zusammenfluß von Wertach und Lech, der 45 km nordwärts in die Donau mündet. Das 150 qkm große Stadtgebiet mit einer 80 km langen Stadtgrenze hat bei fast 15 km Breite eine Nord-Süd-Ausdehnung von rund 23 km. Die Stadtmitte befindet sich in der Eichleitnerstraße 18. Der höchste Punkt liegt im Spitalwald von Bergheim (561 m), der tiefste mit 446 m beim Lechaustritt an der Stadtgrenze.

Die geologische Basis Augsburgs besteht aus Molasse (Sande, Mergel und Tone aus dem Tertiär), darüber liegen weite Schotterdecken. Die Altstadt erstreckt sich auf einer Hochterrasse zwischen Lech und Wertach, die während der letzten Eiszeit entstanden war. Die Siedlungen der letzten Jahrhunderte wuchsen bis in die ehemals feuchten Talauen und reichen im Süden bis zum sogenannten Lechfeld, im Westen bis hin zur Iller-Lech-Platte (altquartäre Schotterdecken).

Klima. Das Klima Augsburgs wird von der Großwetterlage Süddeutschlands bestimmt: relativ ausgiebige Niederschläge (im Jahr etwa 900 mm), keine heißen Sommer dank der freien Ost- und Westwindzufuhr und kalte Wintermonate.

Politische Gliederung und Verwaltung. Augsburg ist nach München und Nürnberg die drittgrößte Stadt Bayerns und Hauptstadt des Regierungsbezirks Schwaben.
Von den rund 260 000 Einwohnern sind 73% katholisch und 20% evangelisch, dies ist aufgrund der besonderen religionsgeschichtlichen Entwicklung Augsburgs interessant.
Zahlreiche Verwaltungsbehörden haben in Augsburg ihren Sitz; die wichtigsten sind die Regierung von Schwaben, die Landesgewerbeanstalt Bayern, die Industrie- und Handelskammer und die Handwerkskammer für Schwaben.

Verkehrslage. Augsburg wird von den Flüssen Lech, Wertach, Singold, 29 Lechkanälen, 4 Wertachkanälen und 19 Bächen durchflossen. Die Stadt ist in 25 Stadtteile untergliedert, jeweils von Nord nach Süd liegen: östlich des Lech die Stadtteile Firnhaberau, Hammerschmiede, Lechhausen, St.-Anton-Siedlung, Hochzoll-Nord und Hochzoll-Süd; zwischen Lech und Wertach Hochfeld, Göggingen, Inningen, Siebenbrunn, Haunstetten, Spickel und Herrenbach; westlich der Wertach die Stadtteile Oberhausen, Nord- und Südbärenkeller, Kriegshaber, Pfersee, Radegundis, Schafweidsiedlung, Wellenburg, Neubergheim, Bergheim, Fuchssiedlung und Bannacker.
1,5 km nördlich der Autobahnausfahrt Augsburg-Ost liegt der Flughafen Augsburg (Linienflüge der Augsburg Airways nach Düsseldorf, Köln, Berlin, Dresden und Danzig sowie Charterdienste; Rundflüge durch Schwabenflug).
Der Augsburger Hauptbahnhof ist ein Knotenpunkt mit ICE-, Euro-City, IC- und Inter-Regio-Anbindungen in alle Richtungen. Auch die Bushaltestellen für Regionalverkehr der Bundesbahn und der Touring-Buslinien befinden sich am Hauptbahnhof.
Gleichfalls kreuzen sich große Straßenzüge in Augsburg: die Nord-Süd-Verbindung, ehemals Via Claudia genannt, heute B2/B17 und unter dem Namen ‚Romantische Straße‘ bekannt, die von Würzburg nach Füssen führt, die B 300 und die Autobahn München-Stuttgart (A8) in Ost-West-Richtung mit zwei Ausfahrten und direkten Zubringerstraßen in die Innenstadt.

Naherholung. Im Stadtgebiet von Augsburg liegen mehrere Park- und Grünanlagen: der Wittelsbacher Park (A6) und der Oblatterwall (D2), beide mehr oder weniger im Zentrum, ferner der Botanische Garten, der Zoo und die Siebentisch-Anlagen. Die großen

Wälder von Augsburg breiten sich südlich der Stadt aus: im Südosten der Siebentisch-Wald und die Meringer Au, im Südwesten der Wellenburger Wald und der Rauhe Forst. Östlich des Siebentisch-Waldes und jenseits des Lech liegt das Naherholungsgebiet Kuhsee. Außerhalb des Stadtgebietes befindet sich, unmittelbar an der Stadtgrenze beginnend, der Naturpark Augsburg Westliche Wälder, ein 117 500 ha großes Erholungsgebiet zwischen den Flußläufen von Wertach, Schmutter, Mindel und Donau. Landschaftsprägend sind die abwechslungsreich gestalteten Wälder, dazwischen die Täler mit Bachauen, teilweise mit Schilfzonen. Ein ausgedehntes Wander- und Radwanderwegenetz ermöglicht Erholung für jedermann. Natur- und Landschaftsschutz werden großgeschrieben, bestehende Biotope (wie etwa die Orchideenwiese, die Niedermoorreste oder das Hangmoor) dürfen nicht verändert werden.

Neben den Lechauen wird auch der Lechstausee am südlichen Stadtrand gerne zur Erholung genutzt. Die östlich gelegenen Wälder sind kein zusammenhängendes Erholungsgebiet; hervorzuheben sind die Friedberger Au, das Erlauholz bei Kissing und der Untere Derchinger Forst.

Wirtschaftsleben. Innovativer Maschinenbau und Elektrotechnik, vielseitiges Handwerk und weltweiter Handel haben in Augsburg eine lange Tradition. Die großen Augsburger Handelshäuser, allen voran die der Fugger, der Welser und der Höchstetter, haben im ausgehenden Mittelalter und zu Beginn der Neuzeit mit ihren weltweiten Waren- und Hochfinanzgeschäften der Stadt zu Wohlstand und Weltgeltung verholfen. Rudolf Diesel hat hier 1897 den nach ihm benannten Dieselmotor erfunden und mit M.A.N.-Ingenieuren zur Serienreife entwickelt. Auch die erste Kältemaschine der Welt wurde von Carl Linde 1876 in Augsburg gebaut, und Wilhelm Messerschmitt hat hier das erste funktionstüchtige Düsenflugzeug der Welt entwickelt.

Die Augsburger Wirtschaft ist geprägt durch den industriellen Wandel. Nach der Textilindustrie zu Beginn des 19. Jhs. entwickelte sich sehr rasch der *Maschinenbau* zum beherrschenden Industriezweig. Bedeutendste Vertreter des Maschinenbaus in Augsburg sind heute der M.A.N.-Konzern mit seinen vier Tochterunternehmen M.A.N. Roland Druckmaschinen, M.A.N. B & W Diesel, M.A.N. Technologie und Renk (Großbetriebe) sowie die Firmen Zeuna Stärker (Abgastechnologie), Daimler-Benz-Aerospace, KUKA Schweißanlagen, KUKA Roboter und BÖWE-Garment Care Systems (Reinigungs- und Wäschereitechnik).

Seit Jahren hat sich mit der *Informations- und Datentechnik* ein zukunftsweisender Industriezweig etabliert. Siemens Nixdorf Informa-

tionssysteme, die BÖWE Systec (Papier-Management-Systeme) und Kleindienst Datentechnik sind hier die führenden Vertreter.
Auch *Luft- und Raumfahrt* haben in Augsburg eine lange Geschichte. Waren es anfangs Ballone für Sport, Luftverkehr und Höhenforschung, später die berühmten Flugzeuge von Wilhelm Messerschmitt, so sind es heute bei der M.A.N. Technologie in Augsburg entwickelte und gebaute Bauteile für die Triebwerke, mit denen die europäische Trägerrakete „Ariane" Satelliten in den Weltraum transportiert.
Der *Dienstleistungssektor* hat in Augsburg erheblich an Bedeutung gewonnen und beschäftigt heute 61 Prozent der Arbeitnehmer. Wirtschaftsnahe Forschungs- und Entwicklungseinrichtungen mit dem Schwerpunkt Energie- und Umwelttechnologie haben sich angesiedelt, das Mittelstandsinstitut für Technologie an der Fachhochschule Augsburg (MITA), das Produktionstechnische Anwenderzentrum für den Mittelstand (iwb), das Bayerische Institut für Abfallforschung (BIfA), das Umwelttechnologische Gründerzentrum (UTG) und das Bayerische Landesamt für Umweltschutz (im Aufbau).
Das neue *Messe- und Veranstaltungszentrum* mit 27 000 qm Hallenfläche und 35 000 qm Freigelände bietet ideale Voraussetzungen für das wirtschaftsbegleitende Tagungs-, Kongreß- und Messewesen. Zentrumsnah beim Wittelsbacher Park befindet sich die *Kongreßhalle*, ein multifunktionales Tagungs- und Veranstaltungszentrum für Wirtschaft, Wissenschaft, Kultur und Politik.

Kulturelles Leben. Das ganze Jahr hindurch bespielt sind das Stadttheater, die zahlreichen Kleinbühnen – und das Marionettentheater, die sogenannte ‚Augsburger Puppenkiste', deren Aufführungen weit über Bayern hinaus bekannt geworden sind. – Orgelkonzerte werden vor allem im Dom und in St. Ulrich (ev.) angeboten.
Im Sommer finden in Augsburg zusätzlich zahlreiche Veranstaltungen statt: Theateraufführungen im Damenhof der Fuggerhäuser, auf der Freilichtbühne am Roten Tor werden Operetten gespielt, im Festsaal des Schaezlerpalais Konzerte bei Kerzenlicht.
Seit dem Zuzug der Jesuiten gegen Ende des 16. Jahrhunderts wurde das Bildungswesen in Augsburg aktiviert; heute gibt es über 50 Grund- und Hauptschulen, 17 Realschulen und Gymnasien, über 30 Berufsaufbau- und -fachschulen, 6 Fachakademien (darunter das Leopold-Mozart-Konservatorium), 1 Fachhochschule und seit 1970 eine Universität mit 6 Fakultäten (Katholisch-Theologische, Wirtschafts- und Sozialwissenschaftliche, Juristische, Philosophische und Naturwissenschaftliche Fakultät), die Ende der 80er Jahre durch einen großen Neubaukomplex zwischen Haunstetter Straße und der B17 erweitert wurde.

Stadtgeschichte

Die Römerstadt Augsburg (15 v. Chr.–740 n. Chr.). Das Gebiet um Augsburg war in frühester Zeit von den Vindelici, einem keltischen Stamm, besiedelt. Der Teilstamm, dem wohl die ersten Siedler des Stadtbereiches angehörten, waren die Licatii. Um 15 v. Chr. unterwarfen jedoch Tiberius und Drusus, die beiden Stiefsöhne des römischen Kaisers Augustus, die Raeti und Vindelici und errichteten die Provinzen Raetia und Noricum. Drusus ließ eine Straße anlegen, die seiner Marschroute von Oberitalien nach Raetien entsprach und bis nach Augsburg führte. Sie wurde unter seinem Sohn, Kaiser Claudius, befestigt und erhielt den Namen Via Claudia Augusta.

Hatte hier zunächst nur ein Römerlager zur Absicherung der Reichsgrenzen bestanden, so begann sich die vorteilhafte Verkehrslage an der Via Claudia (der Nord-Süd-Verbindung) einerseits und der Achse Gallien-Kleinasien andererseits rasch günstig für die Entwicklung der Stadt auszuwirken. Das 2. Jahrhundert nach Christus stellte den Höhepunkt des römischen Augsburgs dar: Es existierte eine gut befestigte, gemauerte Stadt mit allen öffentlichen Einrichtungen und Gebäuden (Forum, Basilika, Theater, Thermenanlagen u. a.). Kaiser Hadrian verlieh 121 der rätischen Hauptstadt das römische Stadtrecht, von nun an bürgerte sich der Name Aelia Augusta ein. – Auch Pfersee scheint bereits existiert zu haben, leiten doch manche den Namen (kelt. ,perz' = Pforte) von einem römischen Brückenkopf her.

Synkretistische Kulte (verschiedene Religionsgemische ohne innere Einheit) des Ostens – von den Soldaten mitgebracht – wurden nur für kurze Zeit betrieben; ab dem 3. Jh. ist das Christentum bereits vertreten. Der Kult der hl. Afra, die in der Diokletianischen Christenverfolgung den Märtyrertod erlitten haben soll, wird seit 565 bezeugt (Venantius Fortunatus). Nach dem Mailänder Edikt Kaiser Konstantins von 313, das freie Religionsausübung gewährleistete, entstanden die ersten Kirchenbauten. Parallel zur religiösen Entwicklung vollzog sich auch ein Wandel in der Herrschaft über die – inzwischen zweigeteilte – Provinz Raetia secunda: Seit 166 n. Chr. waren die Bewohner des Aelia Augusta mit Einfällen der Markomannen konfrontiert; offiziell erfolgte die Loslösung vom Römischen (bzw. Ostgotischen) Reich 536, als Witigis, König der Ostgoten, die Provinz dem Frankenkönig Theudebert überlassen mußte. De facto hatten die germanischen Alemannen bereits einige Zeit vorher die Herrschaft übernommen.

Die Bischofsstadt Augsburg (740–1276). Über die Zeit nach Loslösung von Rom bis zur Herrschaft der Karolinger (742–911) ist wenig bekannt; der byzantinische Geschichtsschreiber Agathias benennt um 536/37 eine fränkische Oberhoheit. Erst um 740 taucht Augsburg aus der Versenkung auf: Eine Synode soll in der Stadt abgehalten werden. Ab 770 ist auch ein Bischofssitz belegbar; der erste Bischof, der hl. Wikterp, wird in der Vita des hl. Magnus erwähnt.

Wiederum war die Stadt Grenzfestung geworden, diesmal gegen die Baiern: 787 siegte Karl der Große vor den Toren der Stadt über den Bayernherzog

Tassilo. Der geistliche und weltliche Herrschaftsbereich Augsburgs wuchs, die Augsburger Bischöfe gehörten zu den engsten Ratgebern der Könige. Andererseits hatten die Karolinger maßgeblichen Einfluß auf die Besetzung des Bischofsstuhles. Ein weiteres wichtiges Datum fällt ebenfalls in diesen Zeitabschnitt: 832 wird die Stadt erstmals in einer Quelle als „Augustburc super Lech" erwähnt. Aus dieser Zeit stammt auch ein rotes, golddurchwirktes Zingulum (Gürtel des Priesterkleides), das Hemma, die Gattin Ludwigs des Deutschen, Bischof Simpert schenkte.

Seit 923 war Ulrich (Udalrich) Bischof von Augsburg; er wandte sich nicht nur religiösen Problemen und Aufgaben zu. 955 verteidigte er die Stadt gegen die Ungarn (Schlacht auf dem Lechfeld), welche dann durch das zu Hilfe eilende Reichsheer unter Otto I. endgültig geschlagen wurden. Dies bedeutete zugleich den Beginn einer friedlichen Periode, was wiederum der Bautätigkeit zugute kam. So entstanden unter Ulrichs Aufsicht die Basilika des hl. Johannes (ihre Grundmauern wurden 1928–1930 freigelegt), die Basilika der hl. Afra, deren Heiligtum durch die Ungarn zerstört worden war; ein Kanonissenstift und ein Spital folgten. Die Verleihung von königlichem Münz- und Marktrecht bedeutete einerseits einen Gunstbeweis des Königs dem Bischof (der gleichzeitig Stadtherr war) gegenüber, andererseits belegt sie die Existenz von Fernkaufleuten, deren Siedlung vermutlich südlich der Domstadt lag. Aber auch die Kirche anerkannte die Werke Bischof Ulrichs – er wurde bereits 20 Jahre nach seinem Tod (973) von Papst Johannes XV. heilig gesprochen. Aufgrund der Verehrung, die allem erwiesen wurde, was mit Ulrich in Verbindung stand, blieben uns kostbare liturgische Gewänder erhalten.

Die wichtige Stellung Augsburgs als Militär-Sammelplatz, die wirtschaftlich hervorragende Position und vor allem die enge Verbindung der Bischöfe mit dem salischen Kaiserhaus ermöglichten in der Folgezeit die Errichtung monumentaler Sakralbauten: Der Dombau begann. Um 1140 entstanden seine Prophetenfenster – heute die ältesten erhaltenen Glasfenster der Welt. Obwohl für den hl. Ulrich nun eine eigene Kirche errichtet wurde, verehrt man ihn weiterhin in St. Afra; daher gestaltete man letztere zu Beginn des 11. Jhs. als Doppelheiligtum neu.

Ein halbes Jahrhundert litt Schwaben – und somit auch Augsburg – unter dem Investiturstreit, dem Kampf zwischen Kaisertum und Papsttum um das Recht der Belehnung mit einem Kirchenamt. Das Wormser Konkordat von 1122 brachte dem Land wieder Frieden und sicherte dem Königtum seinen Einfluß auf die Entwicklungen der Kirche. – Die Stadt wandelte sich von einer Kaufleute- zu einer Bürgersiedlung und breitete sich nach Süden aus. Vermutlich entstand damals bereits die Prachtstraße zwischen St. Moritz und St. Ulrich. Die immer mehr Einfluß gewinnende Bürgerschaft unterstützte nach dem Tod des letzten Saliers (Heinrich V.) die Staufer, die Augsburg zur Königsstadt (urbs regia) machten. Doch 1132 bekam auch Augsburg die Schärfe der Auseinandersetzung zwischen Welfen- und Staufer-Anhängern zu spüren: Es wurde abgebrannt. Friedrich I. Barbarossa gelang es, Frieden zu stiften – er legte die Rechte des Bischofs, des Vogts, des Burggrafen und der Bürger fest. Wiederum wurde gebaut: Der Kaiser ließ St. Ulrich wiederherstellen, die Bürgerlichen errichteten ihrerseits St. Peter und den Perlach-turm als Ausdruck ihrer erlangten Freiheit.

Die Reichsstadt Augsburg (1276–1806). Früher oder später mußten die Augs-burger Bürger zu einer Entscheidung kommen, ob sie königlich frei sein oder sich dem Bischof unterordnen wollten. Ein zähes Ringen auf beiden Seiten um jeden Vorteil begann, wobei die Bürger immer mehr wichtige Rechte in ihre Hände bekamen; so zum Beispiel 1272 das bischöfliche Münzrecht; bereits drei Jahre später trugen die Münzen den Pinienzapfen (s. S. 18). 1276 wurde Augsburg von Rudolf I. das Stadtrecht verliehen; es wird im Augsbur-ger Stadtarchiv aufbewahrt. Über zwei Jahrhunderte war dieses Rechtsbuch maßgebend und wurde immer wieder novelliert.

Sehr wichtig für jede reichsfreie Stadt war die Verteidigung, deshalb wurde der Befestigungsbau vom 13. Jh. an energisch vorangetrieben. Zwar hatte es seit dem 10. Jh. abwechselnd Palisaden, Mauern und Wälle gegeben, doch wurde nun auch die ‚Untere Stadt‘ (das heutige Kreuz- und Georgsviertel) mit einbezogen. Um 1450 wurde dann diese Befestigung durch einen durch-gehenden Mauerzug mit Türmen ersetzt.

Innerhalb der Stadtmauern waren drei Ereignisse wesentlich für die weitere Entwicklung Augsburgs: 1348 forderte die Pest ihren Tribut. Die Seuche, die nur durch Isolation zu bekämpfen war, hatte merkliche wirtschaftliche Fol-gen. Sie wurde von den Bürgern zum Anlaß genommen, die seit dem 13. Jh. hier niedergelassene Judengemeinde zu verfolgen. – Ganz entscheidend präg-ten in dieser Zeit die Bettelorden die geistige und geistliche Haltung der Bürger. Dies spiegelt sich im Weiterbau des Domes wider, der betont schlicht ausgeführt wurde. Der geplante Chorausbau reichte jedoch über die alte Römerstraße: Nur unter der Bedingung des öffentlichen Durchgangsrechtes stimmte die Bürgerschaft dem Projekt zu.

Voraussetzung für die Ausübung vieler Gewerbe war fließendes Wasser, so kam der Anlage der Lechkanäle besondere Bedeutung zu. Ein Handwerks-zweig trat nun in den Vordergrund: 1367 zog Hans Fugger nach Augsburg. Im süddeutschen Raum hatte Augsburg (neben Ulm) frühzeitig im Textilge-werbe eine führende Stellung eingenommen; das Stadtrecht von 1276 er-wähnt bereits die Wollweberei. Ab 1350 wurden hauptsächlich Flachs und Baumwolle (in verschiedenen Mischverhältnissen) zu Leinen und Barchent (flanellartiges Gewebe aus Baumwollkettgarn und weich gedrehtem Schuß) verarbeitet. Ursächlich für die Ausweitung der Webereibetriebe war die stark gestiegene Nachfrage – einerseits nach einfacher Leinwand durch die ge-wachsene Bevölkerung, andererseits wünschten die städtischen Konsumen-ten immer feinere Waren. Zur Barchentherstellung benötigte man Baumwol-le; es wurden daher Kaufleute eingeschaltet, die den Rohstoff aus Ägypten und dem Vorderen Orient importierten. Da diese dann meist auch den Vertrieb der Fertigprodukte übernahmen, sahen sich die meisten Weber bald deren Konditionen ausgeliefert. So entstanden die Zünfte zur Sicherung und Wahrnehmung der Belange ihrer Mitglieder. Gleichzeitig galt Ware, die mit dem Zunftzeichen versehen war, als Qualitätsprodukt. 1395 war Augsburger

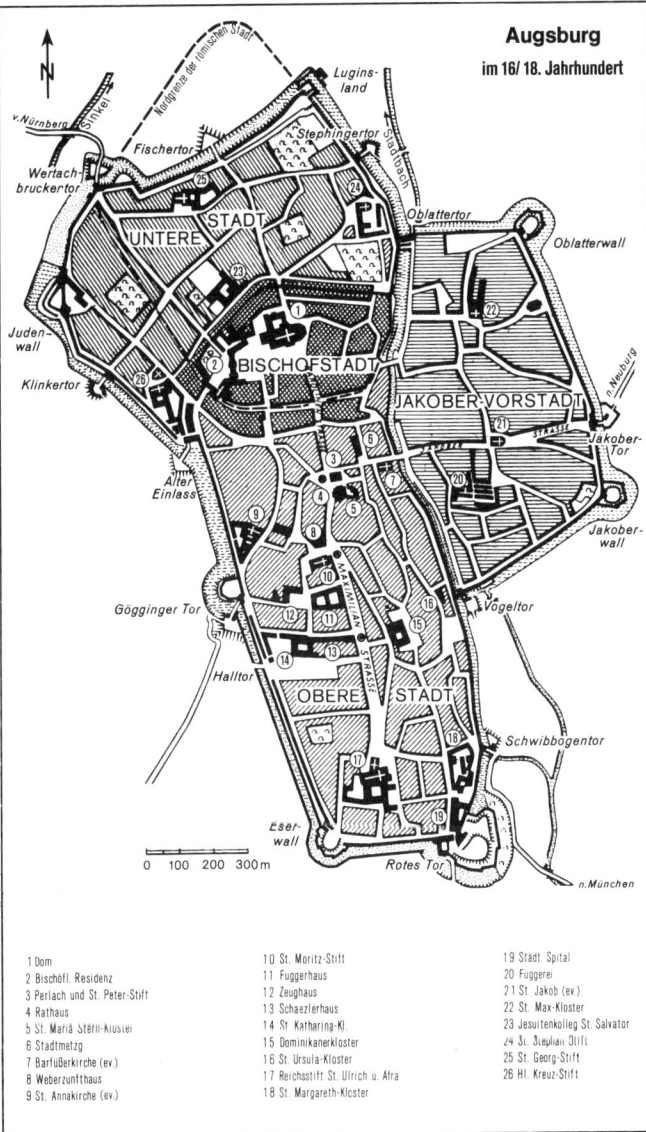

Augsburg
im 16./ 18. Jahrhundert

1 Dom
2 Bischöfl. Residenz
3 Perlach und St. Peter-Stift
4 Rathaus
5 St. Mariä Stern-Kloster
6 Stadtmetzg
7 Barfüßerkirche (ev.)
8 Weberzunfthaus
9 St. Annakirche (ev.)

10 St. Moritz-Stift
11 Fuggerhaus
12 Zeughaus
13 Schaezlerhaus
14 St. Katharina-Kl.
15 Dominikanerkloster
16 St. Ursula-Kloster
17 Reichsstift St. Ulrich u. Afra
18 St. Margareth-Kloster

19 Städt. Spital
20 Fuggerei
21 St. Jakob (ev.)
22 St. Max-Kloster
23 Jesuitenkolleg St. Salvator
24 St. Stephan-Stift
25 St. Georg-Stift
26 Hl. Kreuz-Stift

Barchent erstmals auf der Frankfurter Messe vertreten; er wurde nach ganz Europa, bis nach Rußland exportiert.

Auch der Transithandel (die Herstellung von Kontakten zwischen ausländischen Käufern und Verkäufern und der dazugehörige Warentransport) brachte Augsburg mittelbaren Gewinn, da die Kaufleute ihre erwirtschafteten Gelder sofort – meist im Bergbau oder im Gewürzhandel – investierten: Steuereinnahmen flossen reichlich in die Stadtkasse, die Privatausgaben der Kaufleute kamen den heimischen Künstlern zugute, die mit der Gestaltung der Patrizierhäuser beauftragt wurden.

Das goldene Zeitalter. Wiederum hatten die Bürger ‚auf das richtige Pferd‘ gesetzt und sich dem Hause Habsburg frühzeitig zugewandt. Da die Fugger zu erstklassigen Financiers (sowohl des Kaiserhauses als auch des Papstes) avanciert waren, erlebte die Stadt einen nie dagewesenen Glanz. Die Handelsherren hatten sich große Reichtümer erwerben können; die Habsburger wiederum erwiesen den sie unterstützenden Patriziern zahlreiche Gunstbezeugungen, so zum Beispiel verliehen sie Markt- und Gerichtsprivilegien, die mit Geldeinnahmen verbunden waren. Maximilian I. zeigte schon von früher Kindheit an (die er in Schwaben verbrachte) große Verbundenheit mit Augsburg. Damit er auch des nachts ungehindert in seine geliebte Stadt konnte, ließ der Rat 1514 einen kunstvoll funktionierenden Einlaß (‚Alter Einlaß‘) in die Stadtmauer brechen. Nicht nur die Jagd, sondern auch die Politik (Reichstage, Reichskammergerichte), die Kunst und – nicht zuletzt – die chronische Geldknappheit führten ihn immer wieder in die Stadt. So verhalfen Habsburger und Fugger einander gegenseitig zum Aufstieg.

Die Verbesserung und Ausweitung der Handelsbeziehungen mit den südlichen Ländern brachte auch die Kunstszene in Bewegung: Die italienische Renaissance wurde importiert. Es entstanden die Dominikanerkirche (gefördert von Maximilian) und die Fuggerkapelle (von Jakob Fugger dem Reichen); letztere gilt als frühester Renaissancebau auf deutschem Boden. – Und noch etwas ließen die Fugger bauen: Die ‚Fuggerei‘ (s. S. 47), die erste Sozialsiedlung der Welt. Für 1526 wird das erste Auftreten des ‚Turamichele‘ (s. S. 35), einer beweglichen Michaelsfigur am Perlachturm, berichtet.

Das 16. Jh. war geprägt von Religionsauseinandersetzungen. 1518 mußte sich Martin Luther auf dem Augsburger Reichstag verteidigen und wohnte bei dem Karmeliterprior J. Frosch von St. Anna. Frosch wurde zum treibenden Element der Reformation in Augsburg. Bei Zusammenstößen mit den Anhängern Zwinglis und durch die Bilderstürmer wurden zahlreiche wertvolle Kunstwerke vernichtet. Auch die religiöse Bewegung der Wiedertäufer fand in Augsburg, einem ihrer Zentren, großen Zulauf. 1530 überreichten die Lutheraner Kaiser Karl die „Confessio Augustana", die Niederschrift ihres Bekenntnisses.

Um sich politisch abzusichern, trat Augsburg dem Schmalkaldischen Bund (gegen die Religionspolitik Karls V.) bei, verlor jedoch den gegen den Kaiser geführten Krieg (der sog. Donaufeldzug war aus Augsburger Handelskassen finanziert worden) und unterwarf sich 1547. 1555 wurde im Augsburger Religionsfrieden ein Kompromiß dahingehend geschaffen, daß die Reichsstände die Religion ihrer Untertanen bestimmen konnten. Nur Kardinal

Otto von Augsburg unterschrieb den Vertrag nicht, was zur Folge hatte, daß alle Stellen in der Stadt paritätisch, d. h. gleichermaßen katholisch und protestantisch besetzt werden mußten. Sogar die Gotteshäuser wurden von beiden Religionsgemeinschaften gleichberechtigt genutzt.

Auch bei der folgenden Gegenreformation der katholischen Kirche nahm Augsburg eine Schlüsselstellung ein: Kardinal Waldburg und Petrus Canisius, einer der berühmtesten Prediger, wurden zu zentralen Persönlichkeiten der Bewegung. Neue Orden siedelten sich an: Jesuiten und Kapuziner wirkten als katholische Reformatoren, Lehrer, Prediger und Seelsorger. Inmitten dieser religiösen Schwierigkeiten feierte Augsburg 1589 sein 1600jähriges Bestehen und ließ die großen Prachtbrunnen (Augustus-, Merkur und Herkulesbrunnen) aufstellen.

Auseinandersetzungen zwischen den beiden religiösen Seiten blieben an der Tagesordnung. Die katholischen Fürsten schlossen sich in der „Liga" zusammen, die protestantischen Stände gründeten die „Union". Der militärische Zusammenprall beider Gruppen (der 30jährige Krieg) bedeutete für Augsburg Besetzung durch die evangelischen Schweden und 1635 die Kapitulation vor den kaiserlichen und bairischen Truppen. Die Bevölkerung war durch Kriegsgeschehen, Hunger und Seuchen um ⅔ auf etwa 16 000 Einwohner dezimiert. Der Westfälische Friede von 1648 brachte Augsburg ganz offiziell die Parität, d. h. die Gleichstellung von Katholiken und Protestanten. Letztere stifteten 1650 aus Dankbarkeit über das Ende der Verfolgung das Augsburger Friedensfest, einen nur für den Stadtkreis Augsburg bis heute gültigen Feiertag am 8. August.

Augsburg hatte seine politische Stellung eingebüßt. Der 30jährige Krieg bedeutete auch ein vorübergehendes Ende des wirtschaftlichen Aufstiegs. Eine Statistik von 1677 weist jedoch bereits zwei neue wichtige Gewerbe aus: von den 53 größten Augsburger Kaufleuten waren 11 Seidenhändler und 9 Juwelenhändler (sowie 11 Wechselhändler, 7 Inhaber offener Gewölbe, 6 Händler mit französischen Waren, 6 Gewürzhändler und 3 Spediteure).

Im Spanischen Erbfolgekrieg wurde die Stadt 1703 von Franzosen und Bayern belagert, nach der Kapitulation wurden die Bürger entwaffnet und große Teile der Stadtmauern geschleift. 1723 wurde das Prunkhotel „Drei Mohren" erbaut (es brannte im 2. Weltkrieg ab und wurde verändert wieder errichtet). 1763–1770 ließ der Bankier Liebert das Schaezler-Palais für sich erbauen (Schaezler war sein Schwiegersohn).

In den folgenden Jahrzehnten hatte die Stadt mit inneren Unruhen zu kämpfen: 1724 streikten beispielsweise die Schustergesellen und zogen aus der Stadt aus, 1794 sahen die Weber ihre Existenz gefährdet und sorgten – als Auswirkung der französischen Revolution – ebenfalls für einigen Wirbel. Es hatte sich nämlich eine neue Textilsparte entwickelt: die Kattundruckerei (Kattun = leinwandbindiges Gewebe aus Baumwolle). Da die Drucker ihre Ware selbst verkaufen und Rohstoffe selbst importieren durften, lockte der neue Geschäftszweig viele Arbeiter nach Augsburg. 1759 eröffnete Johann

Schüle (s. S. 32) eine Kattun-Manufaktur, die bald 3500 Beschäftigte hatte. Es war die größte Fabrik des Jahrhunderts, in organisatorischer und technischer Hinsicht bahnbrechend für die moderne Industrie.

Und wiederum zogen Soldaten durch das Land: Die Koalitionskriege 1792–1805 gegen das napoleonische Frankreich trafen Augsburg hart: Hohe Kontributionen mußten geleistet werden – die Stadt hatte bald kein Geld mehr und schließlich wurde die Freie Stadt Augsburg im Frieden zu Preßburg 1805 Bayern zugesprochen. Schwaben wurde in 3 Kreise (Iller-, Lech-, Oberdonaukreis) eingeteilt, Augsburg die Hauptstadt des Lechkreises.

Die Regierungshauptstadt Augsburg (1806 bis heute). Im 19. Jh. stand Augsburg im Zeichen der Industrialisierung, eine Neuerung folgte auf die andere: Seit 1810 wurde die ‚Allgemeine Zeitung‘ in Augsburg gedruckt, 1824 wurde die erste Schnellpresse Süddeutschlands aufgestellt, angetrieben von der ersten Dampfmaschine Augsburgs. 1835 wurde der Augsburger Eisenbahnverein gegründet, 1838 fuhr eine Pferde-Eisenbahn bereits das Stück Rotes Tor–Spickel. 1837 wurde Augsburg kreisunmittelbare Stadt, 1840 die Eisenbahnstrecke Augsburg–München in Betrieb genommen (2. Eisenbahnstrecke im Königreich Bayern). Es folgten die Strecken Augsburg–Ulm und Augsburg–Ingolstadt. Der damalige Bahnhof liegt hinter der Schüleschen Manufaktur (s. S. 43); da ein Kopfbahnhof war, mußten die Lokomotiven gewendet werden, dies geschah in der Halle mittels einer Drehscheibe. Bereits 1846 entstand der heutige Hauptbahnhof, der damals relativ weit entfernt vor der Stadt lag.

Ebenfalls 1840 gründete L. Sander eine Maschinenfabrik, die 1944 von Carl Butz und A. Reichenbach übernommen und 1857 in die Maschinenfabrik Augsburg-Nürnberg (M.A.N.) umgewandelt wurde. M.A.N. baute – nach Plänen von R. Diesel (s. S. 32) – den ersten Dieselmotor der Welt; G. Bissinger entwickelte die Rotationsmaschine; nach Plänen von C. v. Linde wurden Eis- und Kältemaschinen hergestellt, später auch Brücken, Lastwagen und Omnibusse. – 1848 wurde die Gasbeleuchtung in der Stadt eingeführt (355 Laternen), 1896 waren es bereits 1330 Stück. (Ab 1925 gab es teilweise elektrische Straßenbeleuchtung, die letzten Gaslaternen erloschen erst 1977). 1849 erwarb Georg Haindl die Siebersche Papiermühle und arbeitete sich innerhalb weniger Jahre zum führenden Papierproduzenten Süddeutschlands empor. Um den Zu- und Abtransport zwischen Bahnhof und Fabriken zu bewerkstelligen, wurde 1889 die „Augsburger Localbahn“ gegründet, die es noch heute gibt. 1886 wurde in Augsburg das erste Telefon angeschlossen, 1898 der elektrische Straßenbahnbetrieb aufgenommen.

Während der ‚Gründerzeit‘ entstanden sehenswerte Bauwerke: 1885–1895 die nach ihrem Architekten genannten ‚Gollwitzerhäuser‘ in der Volkhartstraße, die maurische Züge aufweisen. Die Kirche der Hessingschen Anstalten in Göggingen, 1890–1893 nach Plänen von Jean Keller errichtet, besitzt eine vollständig erhaltene neugotische Ausstattung. Ebenfalls von Keller stammt das als Glas-Eisen-Konstruktion errichtete Kurhaustheater (1886). Als Jugendstilbauten entstanden 1907–1910 die Herz-Jesu-Kirche in Pfersee und 1914–1917 die glanzvolle Synagoge in der Halderstraße.

Der 2. Weltkrieg veränderte das Gesicht Augsburgs. Die Altstadt wurde insbesondere durch Luftangriffe im Februar 1944 bis zu 95% zerstört. Die Wiederaufbaumaßnahmen liefen in den folgenden Jahren auf Hochtouren. Bis 1955, im Ulrichsjahr, konnte ein Großteil der Kriegsschäden beseitigt werden. Als erstes großes Neubauprojekt entstand 1951 das Rosenaustadion. In den 70er und 80er Jahren wurden so bedeutende Vorhaben wie die Sport- und Freizeitanlagen an Hochablaß, das Kongreß-Zentrum (1972), die Universität (ab 1970) und der Bau des Zentralklinikums (1982) realisiert.

Auf dem wirtschaftlichen Sektor lagen auch nach dem Krieg die Schwerpunkte bei der traditionsreichen Textil- und Metallindustrie. Ende der 70er Jahre vollzog sich ein notwendig gewordener Strukturwandel. Der überhohe Anteil an wachstumskritischen Branchen mußte ausgeglichen werden. Die Produktivität verlagerte sich mehr auf die kunststoffverarbeitende Industrie, auf die Luft- und Raumfahrttechnik sowie Elektronik und Datenverarbeitung.

In kulturpolitischer Hinsicht wurden weitreichende Akzente gesetzt. Die engagierte Mozartpflege, die vielfältige Theater- und Konzertlandschaft und der systematische Ausbau der Kunstsammlungen trugen dazu bei, daß man bei der 2000-Jahr-Feier im Jahre 1985 stolz auf die bedeutende kulturelle Tradition zurückblicken konnte. Aus diesem Anlaß wurde der Goldene Saal im Rathaus (s. S. 34) teilrenoviert. Seit 1996 erstrahlt er wieder in neuem Glanz.

Historische Persönlichkeiten

Die nachstehende Liste vereinigt in chronologischer Folge Persönlichkeiten, die durch Geburt oder Lebenswerk mit Augsburg verbunden sind. Sofern nicht anders angegeben, ist Augsburg Geburts- bzw. Sterbeort.

Afra, † um 304. Märtyrerin, die im Zuge von Christenverfolgungen den Feuertod starb. Verehrung des Grabes seit dem 6. Jh. bezeugt.

Ulrich, *890, †973. Bischof von Augsburg, der sich besonders durch die Verteidigung der Stadt gegen die Ungarn verdient machte. 993 wurde er heiliggesprochen.

Hartmann von Dillingen, †1286. Bischof von Augsburg, der wegen häufigen Geldmangels immer mehr Rechte an die Bürger der Stadt verpfänden mußte. Dies führte dazu daß das Augsburger Stadtrechtsbuch 1276 angelegt wurde.

Welser, Kaufmannsfamilie, seit Mitte des 13. Jhs. nachweisbar. Firmenschwerpunkte waren neben dem Warenhandel Ende des 15. Jhs. Darlehens- und Kreditgeschäfte. 1505 Beteiligung an der Westindien-Schiffahrt, die zu einem erfolgreichen Geschäftszweig ausgebaut wurde; Venezuela wurde den Welsern als Kolonie zugesprochen (Verlust 1556). Philippine W. (*1527, †1580 in Innsbruck) heiratete Erzherzog Ferdinand II. und lebte ab 1567 auf Schloß Ambras bei Innsbruck, ihre Untertanen nannten sie ‚Mutter von Tirol'. Ihr Kochbuch ist berühmt.

Fugger. 1367 wanderte der Weber Hans F. nach Augsburg ein und erwarb durch Heirat das Bürgerrecht. Sein Sohn Andreas (‚Fugger vom Reh') gründete ein Handelshaus, dessen Nachkommen wurden Goldschmiede.

Der zweite Sohn von Hans, Jakob d. Ä. (‚Fugger von der Lilie‘, Wappen: Doppellilie, Farben: blau-gelb) trat in die Zunft der Kaufleute ein, unter seinen Söhnen wurde die Firma zum ersten Handelshaus Augsburgs. In der Folge avancierten die F. zu den Habsburger Financiers, was Jakob F. der Reiche so ausdrückte: „Es ist wissentlich und liegt am Tage, daß Eure Kaiserliche Majestät die Römische Kron außer mein nicht hätte erlangen mögen". 1547 verdankte das aufständische Augsburg seine Begnadigung dem Einfluß Anton F.'s beim Kaiser.

Höchstetter, Kaufmannsfamilie, seit Ende des 14. Jhs. in Augsburg nachweisbar. Im 16. Jh. zählte ihr Unternehmen – neben Fugger und Welser – zu den führenden oberdeutschen Handelshäusern (Bunt- und Edelmetalle, Bergbau, Geldgeschäfte).

Agnes Bernauer, *um 1410, †1435 in Straubing. Sie zählt zu den bekanntesten Frauen der bayer. Geschichte und Sage. Herzog Albrecht III. heiratete unstandesgemäß die Baderstochter (Bader = Barbier). Im Auftrag von Herzog Ernst (dem Vater Albrechts) wurde sie in der Donau ertränkt. – Unter anderen bearbeiteten Friedrich Hebbel und Carl Orff dieses Thema.

Lorenz Helmschmied, *um 1450, †1515. Begründer der bedeutendsten Plattnerfamilie, die hervorragende Harnische herstellte, u. a. für die Kaiser Friedrich III., Maximilian I., Karl V. und König Philipp II. von Spanien.

Hans Holbein d. Ä., *um 1460, †1524 am Oberrhein. Maler und Zeichner der Übergangszeit von Spätgotik zu Renaissance. Einzigartig sind seine Porträts in Silberstiftzeichnung. Ab 1494 unterhielt er eine Malerwerkstatt in Augsburg, in der auch seine Brüder Sigmund und Ambrosius tätig waren. Hauptwerke: Weingartener Altar 1493 (Augsburg, Dom); Graue Passion 1498 (Donaueschingen); Katharinen-Altar 1512 (Augsburger Staatsgalerie); Sebastians-Altar 1516 (München, Alte Pinakothek); Lebensbrunnen 1519 (Lissabon). Sein Sohn **Hans Holbein d. J.,** *1497, †1543 in London, avanciert europaweit zu einem der bedeutendsten Bildnismaler der klassischen Renaissance. Ab 1519 in Basel tätig, gelangt er 1524 durch Empfehlung des Erasmus von Rotterdam nach Frankreich und England, wo er zahlreiche Porträtaufträge u. a. vom späteren Lordkanzler Thomas More und Heinrich VIII. erhielt.

Konrad Peutinger, *1465, †1547. Humanist und Vertrauter Kaiser Maximilians I. Nach seinem Jurastudium in Italien war er Stadtschreiber und Kaiserlicher Rat; er leitete die Politik der Stadt. Durch ihn erlangte Augsburg eine Führungsstellung im Schwäbischen Bund.

Hans Burgkmair d. Ä. *1473, †1531, Maler und Zeichner (Holzschnitt). Einer der bedeutendsten altdeutschen Meister. Beeinflußt durch Italienaufenthalt und durch Lehre bei Martin Schongauer. Seine Porträts (Prediger Geiler v. Kaisersberg, Bischof Friedrich v. Zollern) und Basilikenbilder sind der Augsburger Staatsgalerie zu sehen. 1505 Altarauftrag des Kurfürsten Friedrich v. Sachsen, ab 1509 Holzschnitte für Kaiser Maximilian I. Rund 800 Holzschnitte (u. a. von Jakob Fugger) und 90 Zeichnungen sind erhalten geblieben.

Jörg Breu d. Ä., *um 1475, †1531, Maler der Spätgotik aus der Werkstatt des Ulrich Apt. Vertreter des sog. „Donaustiles". Arbeitete zunächst in der

Wachau (Österreich), dann für Augsburg und die Fugger. Werke: Flügel-bilder des Bernhard-Altares in Zwettl 1501; Konstanzer Missale 1504; Ab-schied der Apostel (Augsburger Staatsgalerie), Orgelflügel für die Fugger-kapelle St. Anna 1512; Lucretia 1528 (München, Alte Pinakothek). Sein Sohn Jörg d. J. (um 1510–47) widmete sich hauptsächlich der Buchillustra-tion und Miniaturmalerei.

Christoph Amberger, *1505 Nürnberg, †1562. Porträtist der Generation nach Dürer. Erhielt seine Lehre bei Leonhard Beck und Anregungen von Holbein d. J. Werke: ehem. Hochaltar des Augsburger Domes: Maria mit Kind und den Hl. Ulrich und Afra 1554, heute in einer der Chorkapellen. Fugger-Bildnis (München, Alte Pinakothek); Konrad Peutinger und seine Frau 1543 (Augsburger Staatsgalerie); Die klugen und törichten Jungfrauen 1560 (Chor, St. Anna).

Hans Rogel, *1532, †1592, Lehrer, Zeichner und Kupferstecher. Erfinder der Augsburger Meilenscheibe (Anzeige der Straßenverbindungen von einem Hauptort zu anderen), die im Maximilianmuseum zu sehen ist.

Elias Holl, *1573, †1646, seit 1601 Stadtwerkmeister in Augsburg. Er bevor-zugte klare, strenge Formen (Vorbilder: venezianische Palastbauten). Seine Bauwerke bestimmen bis heute das Stadtbild: Stadtmetzg, Neuer Bau, Kauf-haus, Gymnasium bei St. Anna, Perlachturm (Umgestaltung), Rathaus, Zeug-haus, Heilig-Geist-Spital, Barfüßerbrücke, Ausbau der Stadtbefestigung.

Wolfgang Kilian, *1581, †1662. Maler. Fertigte neben zahlreichen Porträts 1626 einen meisterhaften Stadtplan von Augsburg sowie Kupferstiche von Rathaus und Zeughaus.

Johann Heinrich Schönfeld, *1609 Biberach, †1682/83. Bedeutendste deut-sche Malerpersönlichkeit nach dem 30jährigen Krieg, von 1652 bis zu seinem Tode wirkte er vor allem in Augsburg. In den Niederlanden und in Italien geschult, erreichten ihn Aufträge in Augsburg, München und Salzburg (Werke in der Augsburger Staatsgalerie).

Georg Neuhofer, *1660, †1735. Kattunfabrikant. Ging 1688 nach Holland, um die neue Kattundrucktechnik kennenzulernen; errichtete wenige Jahre später zusammen mit seinem Bruder die erste Augsburger Kattunwerkstätte, die einen rasanten Aufstieg erlebte. Original-Kattuntapeten von ihm sind im Schaezlerpalais erhalten.

Franz Xaver Feichtmayer, *1705 in Wessobrunn, †1763. Stukkateur. Mit-glied der berühmten Künstlerfamilie. Hauptwerke sind Kanzel und Altäre in Stuckmarmor von St. Stephan, St. Ulrich u. Afra.

Johann Evangelist Holzer, *1709 Burgeis/Tirol, †1740 Schloß Clemenswerth. Gehört zu den begabtesten Vertretern der Augsburger Fresko- und Ölmale-rei. Nach seiner Lehrzeit beim Augsburger Akademiedirektor Johann Georg Bergmüller führte er die Tradition der hiesigen Fassadenmalerei fort. Haupt-werk: Deckenfresko in St. Anton, Garmisch Partenkirchen 1739.

Georg Friedrich Brander, *1713 in Regensburg, †1783. Präzisionsmecha-niker. Gründungsmitglied der Bayer. Akademie der Wissenschaften, die er mit Geräten ausstattete. 1737 erbaute er das erste Spiegelteleskop Deutschlands, 1775 den Sternfinder (Fernrohr, das mit einer Sternkarte verbunden ist; heute im Maximilianmuseum).

Johann Georg Leopold Mozart, *1719, †1787 in Salzburg. 1737 Jura- und Philosophiestudium in Salzburg, 1743 Violinist in der fürsterzbischöflichen Hofkapelle. Er behielt zeitlebens das Augsburger Bürgerrecht. 1777 lernte Sohn Wolfgang Amadeus in Augsburg sein „Bäsle" kennen, mit der er in der Folge in regem Briefwechsel stand.

Johann Heinrich Schüle, *1720 in Künzelsau, †1811. Fabrikant. Eröffnete 1759 die erste Augsburger Kattundruck-Manufaktur, die bald 3500 Beschäftigte hatte. Berühmtheit erlangte der ‚Augsburger Zitz‘ (einfarbiger Baumwollkattun), ganze Kollektionen wurden ab Werk verkauft. Kurz nach Schüles Tod ging seine Firma in Konkurs (napoleon. Kriege).

Johann Andreas Stein, *1728 in Heidelsheim, †1792. Berühmter Orgel- und Klavierbauer; Erfinder des Hammerklaviers (ein Exemplar von 1785 befindet sich im Mozarthaus, s. S. 58). Seine Instrumente wurden besonders von W. A. Mozart geschätzt, mit dessen Familie Stein befreundet war.

Georg Haindl, (*1816, †1878). Fabrikant. Zusammen mit F. Pustet erwarb er 1849 das Gelände am Malvasierbach, um eine Papierfabrik aufzubauen. Die Haindl Papier GmbH ist einer der größten Zeitungspapierhersteller Europas.

Rudolf Diesel, *1858 in Paris, †1913 im Ärmelkanal. Erfinder, Ingenieur. Entwickelte mit Unterstützung von M.A.N. 1893–1897 in Augsburg den Dieselmotor.

Caspar Neher, *1897, †1962 in Wien. Bühnenbildner, Maler und Librettist, Mitschüler von Bertolt Brecht, mit dem ihn eine lebenslange Freundschaft verband. Nach dem Studium an der Münchner Kunstakademie wandte er sich der Bühnenmalerei zu und prägte die optische Darbietungsform der Brechtschen Dramatik wesentlich mit. Brecht nannte ihn den „größten Bühnenbauer unserer Zeit".

Bertolt Brecht, *1898, †1956 in Berlin. Dramatiker, Lyriker (s. S. 46). Besuch des Realgymnasiums, 1913 erste literarische Veröffentlichungen in der Schülerzeitung „Die Ernte", 1914–1916 in Augsburger Zeitungen. Studium in München, 1922 Durchbruch als Dramatiker. 1933–47 Emigration (Skandinavien, USA); im Exil entstanden seine berühmtesten Dramen (Mutter Courage, Der gute Mensch von Sezuan, Der kaukasische Kreidekreis). 1949 Aufbau des Modelltheaters ‚Berliner Ensemble‘ in Ostberlin.

Wilhelm Messerschmitt, *1898 in Frankfurt, †1978 in München. Flugzeugkonstrukteur. 1927 verlegte Messerschmitt seine vier Jahre zuvor gegründete Firma von Bamberg nach Augsburg. Hier wurden Flugversuche gemacht und alle wichtigen Flugzeugtypen von Messerschmitt gebaut. Besonderer Aufschwung während des Dritten Reiches (Rüstung). Heute ca. 2500 Beschäftigte in diesem Werk.

Curt Frenzel, *1900 Dresden, †1979. Seit 1945 Herausgeber und Chefredakteur der „Schwäbischen Landeszeitung" und der späteren „Augsburger Allgemeinen". Als erster Vorsitzender des Augsburger Eislaufvereins förderte er den Bau des Augsburger Kunsteisstadions.

STADTBESCHREIBUNG

Stadtbesichtigung 1: Rathausplatz und Maximilianstraße

*Augustusbrunnen – **Rathaus – Elias-Holl-Platz – Perlachturm – St.-Moritz-Kirche – Weberhaus – Merkurbrunnen – *Zeughaus – *Fuggerhäuser – *Herkulesbrunnen – *Schaezlerpalais

Die im Kriege wenigstens im oberen Teil fast unbeschädigt gebliebene **Maximilianstraße** (Pl. C4/5) hat die Weite eines Straßenmarkts; sie ist die Lebensader Augsburgs und galt ehedem als die schönste Straße des Reiches. Unmittelbar daneben (Dominikanergasse) verlief die „Via Claudia Augusta". Diese führte über Schongau, Ettal, Mittenwald nach Innsbruck und von dort über den Brenner durch Südtirol nach Trient und Verona bzw. Venedig.

Am Nordende der Maximilianstraße öffnet sich der nach 1945 um einen früheren Baublock beträchtlich vergrößerte Rathausplatz (Pl. C3). Ihn schmückt der **Augustusbrunnen**, der prächtigste der an Monumentalbrunnen reichen Stadt, der 1589 zum 1600jährigen Jubiläum Augsburgs begonnen und ihrem vermeintlichen Gründer gewidmet wurde. Die ehemals vergoldeten Bronzefiguren modellierte Hubert Gerhart. Auf dem Brunnenpfeiler steht in majestätischer Pose der römische Kaiser, gepanzert und mit Lorbeer bekränzt. An den Ecken des 1949 erneuerten Brunnenbeckens ruhen als Sinnbilder der Augsburger Flüsse vier Figuren (je nach dem Artikel des Flusses zwei weibliche oder zwei männliche Statuen): der *Lech* mit Schiffsruder, der *Brunnenbach* mit Fischernetz, die *Singold* mit Urne und Füllhorn, die *Wertach* mit Mühlrad und Ährenstrauß.

Dominante des Rathausplatzes ist das **Rathaus**, ein wuchtig aufstrebender Bau von wandhafter Geschlossenheit, den Elias Holl 1615–20 unter dem Eindruck italienischer Architektur als glänzendes Symbol selbstbewußter Bürgermacht und stärkste weltliche Bauleistung der deutschen Renaissance aufführte. Schönster Schmuck der machtvollen Fassade sind das bronzene Oberlichtgitter des Hauptportals und im Giebelfeld als Symbol der Reichsfreiheit der Doppeladler sowie das Wappenzeichen der Stadt, die große Zirbelnuß aus Erz auf dem Giebel. Das Äußere ist

aus einer Würfelform entwickelt. Typisch für die Augsburger Renaissance ist der aufstrebende Mittelteil, der nach zwei Geschossen in einer großartigen Giebelarchitektur endet. Zusammen mit dem ebenfalls von Elias Holl 1614–15 erhöhten alten *Perlachturm* im Norden (s. S. 35) prägen das Rathaus und seine Türme bis heute das Stadtbild.

Das Gitter über dem Hauptportal zeigt das Stadtwappen, eine Gußarbeit von 1620. Links vom Hauptportal sind – in Bronze gegossen – die alten Augsburger Maßeinheiten des 17. Jhs. eingelassen: „Halbe Länge des Holtz-Klaffter, Leinwath Elen Läng, Barchat Elen Läng" und „Statt Werckschuch Läng".

Der durch drei Stockwerke reichende, weltbekannte *Goldene Saal*, einer der festlichsten Säle Deutschlands mit geschnitzten Portalen, kassetierter Holzdecke und prunkvoller Wandmalerei, wurde im Kriege vernichtet. Die erste Ausbaustufe der Restaurierung wurde 1985, anläßlich der 2000-Jahrfeier der Stadt Augsburg, abgeschlossen; dabei hat man Kassettendecke und die großen Türen wiederhergestellt. 1991 waren die Fresken rekonstruiert. Seit 1996 erstrahlt der Goldene Saal wieder in alter Pracht (Öffnungzeiten s. S. 13).

Noch eindrucksvoller als die Schauseite ist die Ostfront am Elias-Holl-Platz, die wegen des abfallenden Geländes mit acht Geschossen 55 m hoch aufragt. Der Wappenstein mit den ‚wilden Männern' stammt vom 1450 errichteten Vorgängerbau des Rathauses. Ein moderner Obelisk mit Bronzeporträt feiert Elias Holl als „Schöpfer eines eigenständigen, großen und strengen Stils deutscher Renaissance".

Den kleinen Bau der **Klosterkirche Maria Stern** an der den Platz östlich begrenzenden Sterngasse schuf Johannes Holl, der Vater des Elias, in den Jahren 1574–76. Die Zwiebelhaube des achteckigen Türmchens gilt als Stammutter ihrer in Bayern und Schwaben weitverbreiteten Art. Das Innere der Kirche wurde 1730 neu dekoriert und mit Skulpturen von Ehrgott Bernh. Bendel geschmückt.

Die Südseite des Elias-Holl-Platzes gibt durch mehrere alte Giebelhäuser eine gute Vorstellung vom städtebaulichen Reiz des **Augsburger Bürgerhauses**. Die nach dem Verlust der früher reich vertretenen Fassadenbemalung schmucklos erscheinenden Putzfronten sind in den Obergeschossen durch flache Rechteckerker belebt, die bei den Eckhäusern polygonale Form haben. Die Giebel sind zumeist von geschweiftem Umriß. Hohen Stimmungswert haben oft die Arkadenhöfe. Besonders hübsch sind die schmiedeeisernen Geschäftsschilder, die an fast jedem der schmalen Häuser hängen.

Nördlich neben dem Rathaus steht der schlanke, 70 m hohe **Perlachturm** (12. Jh.); die Obergeschosse mit der markanten Laternenhaube fügte Elias Holl 1614–15 hinzu. Der frühere Wartturm ist zu einem Merkmal der Stadtsilhouette geworden. Ganz unauffällig ist ein kleiner Erker am unteren Teil des Turmes: Hier tritt seit 1526 das ‚Turamichele‘ alljährlich am Michaelstag (29. 9., Jahrtag der Weber) in Erscheinung. Das Turamichele ist eine bewegliche mechanische Figurengruppe, die mit einem Uhrwerk verbunden ist. Der Erzengel Michael tötet bei der Vorführung den Drachen durch einen Stich ins Maul. 1949 mußten die Figuren neu hergestellt werden. Ein Glockenspiel mit Melodien von Mozart erklingt um 11, 12, 17 und 18 Uhr.

Der Perlachturm erhebt sich über dem von kleinen Läden umgürteten Westwerk der 1182 geweihten **St.-Peters-Kirche**, die 1780 barockisiert wurde, aber im dreischiffigen Hallenraum noch Reste von Wandfresken des 13. und 15. Jhs. aufweist. Das Sakramentshäuschen ist von 1522, die schöne lebensgroße Madonna in Ton entstand um 1430.

Der **Neue Bau**, der die gesamte Nordseite des Rathausplatzes einnimmt und von Elias Holl 1614 errichtet wurde, hat nach dem Krieg seine alte, italienisch beeinflußte Fassadengliederung zurückgewonnen.

Im Verlauf der Maximilianstraße, beim verkehrsbelebten Moritzplatz (Pl. C4), tritt der Chor der kath. **St.-Moritz-Kirche** ins Bild. Die im 11. Jh. gegründete, im 15. Jh. als verputzter Ziegelbau erneuerte Basilika hat äußerlich wieder ihr altes Gesicht mit den Querovalfenstern von 1715 und dem 1534 im Achteck geschlossenen Turm; beachtenswert sind die Szenenfolgen des bronzenen Hauptportals (1967, Darstellungen aus dem Neuen Testament) und des Seitenportals (Glaube, Hoffnung, Liebe). Der im Krieg verwüstete Raum wurde 1949 und 1966 erneuert und ist völlig in Weiß gehalten. Im Inneren drei Chorfenster mit abstrakten Themen, eine moderne Kanzel und ein bronzener Tabernakel. Ausdrucksstarke barocke Apostelfiguren aus Holz (E. B. Bendel, 1720) stehen an den Hochschiffwänden. Der hl. Christophorus stammt von G. Petel, der hl. Sebastian von H. L. Gemelich, beide um 1630. An der Westwand eine sehenswerte Grabplatte aus Rotmarmor für den Apotheker Claus Hofmair (†1427).

Das **Weberhaus** an der Nordseite des Platzes ist ein Neubau von 1915; hier stand seit 1389 das Zunfthaus der Weber. 1959–1961 wurde eine Neubemalung des Hauses vorgenommen, nun zeigen die Bilder die Legende des Bischofs Ulrich (s. S. 23), der die

Ungarn geschlagen hatte. An die Weber erinnern zwei Inschriften: Im Giebel der Maximilianstraßen-Seite steht „Per multa saecula usque ad dies nostros texunt textores magnificum urbis augustae vestimentum" (Seit vielen Jahrhunderten, bis in unsere Tage, weben die Weber das prächtige Kleid der Stadt Augsburg). An der Rückseite des Gebäudes erinnert der Spruch „Zwischen Handwerk und Maschinenzeit liegt der Weber Kampf und Leid" an die mühevolle Arbeit dieses Berufsstandes.

Inmitten der Straße steht der 1599 von Wolfgang Neidhart gegossene **Merkurbrunnen**. In der Antike wurde Merkur in Augsburg verehrt, da er der Gott des Handels und des Gewerbes war. So weist der Brunnen heute auf die Bedeutung der Stadt als Handelsmetropole hin und stellt gewissermaßen eine geistige Verbindung zwischen dem Weberhaus und den Fuggerhäusern dar. Für das Standbild des Götterboten nahm sich der niederländische Bildhauer Adriaen de Vries das bekannte Werk seines Lehrmeisters Giovanni da Bologna zum Vorbild.

Durch das schmale Apothekergäßchen gelangt man auf den Zeugplatz und stößt direkt auf das *Zeughaus (Pl. C4); ein schönes Beispiel für die stark plastische Gestaltung barocker Fassaden. Kernstück der vom Maler-Architekten Joseph Heintz entworfenen Fassadenkomposition, die Elias Holl 1602–07 als sein erstes amtliches Werk ausführte, ist eine großartige *Bronzegruppe des Erzengels Michael von Hans Reichle. Das lange Zeit als Hauptfeuerwache genutzte Gebäude ist heute ein Bildungs- und Begegnungszentrum für Jung und Alt und beherbergt die Volkshochschule. Die Toskanische Säulenhalle dient Ausstellungen.

In der Maximilianstr. 36/38 liegen, breitgelagert mit langen Fensterreihen, unter gotischen Steildächern die *Fuggerhäuser. Die bis zum Zeugplatz (s. oben) durchgehenden, um mehrere Höfe gruppierten Gebäude entstanden 1951 aus den Ruinen des alten Fuggerpalastes Jakobs ‚des Reichen' von 1515. Die schlichten Straßenfronten entsprechen mit ihrem farbigen Felderputz dem für 1632 überlieferten Aussehen. Unter den reizvollen Arkadenhöfen besonders hübsch ist der durch Nr. 36 zugängliche *Damenhof (1515); er hat Reste der reichen Groteskenmalerei Hans Burgkmairs bewahrt. Die Malerei bedeckte früher alle

Wände des Hofes, die Gebäude brannten jedoch während des 2. Weltkrieges bis auf das Erdgeschoß nieder und wurden 1949–1951 wiederaufgebaut. Hier im Hof kann man auch ein interessantes bauliches Detail gut betrachten: Die Treppchen am Dachrand hinauf zu den Kaminen sind ein Hinweis auf das Alter der Gebäude – so baute man im 15. Jh. (man findet sie auch an einigen anderen Häusern in der Maximilianstraße). Die Dimension der Fuggerhäuser-Anlage darf nicht erstaunen, schließlich stiegen hier Kaiser und Könige ab, um mit den Hausherren über Geschäfte zu verhandeln.

Die drei Tonbüsten der namengebenden drei Mohren (wohl von Bendel) am anschließenden Neubau des *Gasthofes „Zu den Drei Mohren"* (Nr. 40/42) sind letzte Überbleibsel des alten Baus von 1723, in dem u. a. Mozart und Goethe logierten. Eine der ersten Tulpen Europas wurde im 16. Jh. in einem Garten hier gezogen.

Die Mitte der Maximilianstraße beherrscht der ***Herkulesbrunnen** (Pl. C4/5:3). Diesen größten der drei zum 1600jährigen Jubiläum der Stadtgründung im Auftrage des Rats geschaffenen Prachtbrunnen hat Adriaen de Vries 1602 nach sechsjähriger Arbeit vollendet. Der figurenreiche Aufbau zeigt Herkules im Kampf mit der Hydra und symbolisiert den römischen Ursprung Augsburgs, seinen weltweiten Handel sowie den Wasserreichtum der Stadt.

Der Brunnen steht vor dem noblen ***Schaezlerpalais** (Pl. C5), das sich der Bankier Liebert 1765–70 von dem Münchener Hofarchitekten v. Lespilliez erbauen ließ und das nach seinem Schwiegersohn benannt ist. Dessen Nachkomme schenkte es 1958 der Stadt, die in dem repräsentativen Spätrokokobau den idealen Rahmen für ihre Kunstsammlungen fand. Von dem Reichtum und der Kultur der früheren Besitzer zeugt der großzügige Innenausbau; im zwei Geschosse umfassenden *Festsaal ist er zu fürstlicher Pracht gesteigert. Die reichgeschnitzten Wandvertäfelungen sind von Placidus Verhelst, die üppigen Stukkaturen von Franz Xaver Feichtmayr. Das Deckengemälde (Merkur und der Welthandel) schuf Gregorio Guglielmi 1767, der auch das schöne Treppenhaus (Die sieben freien Künste) dekorierte; drei Jahre zuvor hatte er in Berlin im Palais Prinz Heinrich, der späteren Universität, das Deckenbild gemalt.

Das Schaezlerpalais beherbergt zwei Gemäldegalerien. Öffnungszeiten s. S. 12/13.

Die ***Deutsche Barockgalerie** gibt einen Überblick über die süddeutsche Barockmalerei des 16. bis 18. Jhs. mit Werken von Christoph Amberger (1505–62), Joseph Heintz d. Ä. (1564–1609), Johann Rottenhammer (1564–1625), Adam Elsheimer (1578–1610), Georg Flegel (1563–1638), Joachim v. Sandrart (1606–88), Johann Heinrich Schönfeld (1609–84), Johann Baptist Zimmermann (1680–1758), Paul Troger (1698–1762), Johann Ev. Holzer (1709–40), Franz Anton Maulpertsch (1724–96), Anton Raphael Mengs (1728–79), Januarius Zick (1730–97), Anton Graff (1736–1813), Christian Georg Schütz d. Ä. (1718–91), Johann Heinr. Wilhelm Tischbein (1722–89), Johann Georg Bergmüller, Thomas Christian Winck, Matthäus Günther u. a. Angeschlossen ist die ‚Stiftung Karl und Magdalene Haberstock‘ mit Gemälden von Bordone, van Dyck, Hals, Jordaens, Rembrandt, Ruisdael, Tiepolo, Veronese u. a. – Im ersten Raum einige Werke des 16. Jhs.: Jörg Breu d. Ä. (Verspottung Christi); Bildnisse von Christoph Amberger (Konrad Peutinger und Frau, 1543).

Ein ‚Dreieckszimmer‘ mit französischen Papiertapeten von 1829 führt vom Festsaal in das seit 1835 als Filialgalerie der Staatsgemäldesammlungen München benutzte, **ehem. Dominikanerinnenkloster,** die frühere St.-Katharinen-Kirche. Die 1517 von B. Engelberg ausgeführte zweischiffige Halle wurde im 18. Jh. und nochmals 1835 umgestaltet, läßt aber immer noch ihre einstige sakrale Bestimmung erkennen.

Die ***Staatsgalerie Altdeutsche Gemälde** enthält bezeichnende Werke hohen Ranges Augsburger und schwäbischer Meister des 15./16. Jhs.: *‚Basilikatafeln‘ der sieben Hauptkirchen Roms, zwischen 1499 und 1504 von H. Holbein d. Ä., H. Burgkmair und einem Meister L. F. für das Katharinenkloster gemalt und seitdem hier verblieben; Ulrich Apt d. J., Kreuzigungsaltar der Familie Rehlinger, 1517; H. Burgkmair, Rosenkranzaltar, 1507; Hans Schäufelein, Passion Christi; Lucas Cranach d. Ä., Samson u. Delila; ferner Bilder von J. Breu, Martin Schaffner, Bernh. Strigel, Leonhard Beck, Bartholomäus Zeitblom u. a. Außerdem Dürers Bildnis ‚Jakob Fugger der Reiche.‘

In der 1971 neu eingerichteten **Kellergalerie** werden in wechselnden Ausstellungen Arbeiten zeitgenössischer Künstler gezeigt.

Die **Neue Galerie im Höhmann-Haus,** in einem historischen Haus auf der Maximilianstraße direkt neben dem Schaezlerpalais gelegen, stellt in regelmäßigem Wechsel zeitgenössische Künstlerinnen und Künstler mit jeweils aktuellen, raumbezogenen Arbeiten vor. In einem spannungsvollen Programm sind Ausstellungen aus den Bereichen Malerei, dreidimensionale Kunst, Installation und Video zu sehen.

Von den vielen stattlichen Bürgerhäusern der Maximilianstraße sind besonders beachtenswert: Haus Nr. 48 (ein reich verziertes Holztor führt über einen Durchgang zu einem sehenswerten Arkadenhof) und Haus Nr. 58 (der Hauptbau ist 1765 datiert, der von der Kapuzinergasse aus sichtbare Hofflügel mit dreigeschossigen Arkaden wurde Ende des 16. Jhs. für Philipp Eduard Fugger erbaut). – Ein paar Schritte weiter in der Kapuzinergasse liegt hinter einer Wegbiegung das *Kathanhaus*, mit Fresken der Zeit um 1750 (1962 erneuert), eines der letzten Zeugnisse der im 16.–18. Jh. sehr beliebten und für die Stadt einst charakteristischen Fassadenmalerei; Goethe erfreute 1790 in Augsburg der „frohe Begriff, an Häuser außen zu malen."

Auf der anderen Seite der Maximilianstraße steht das *Dr.-Roeck-Haus* (Nr. 51; nicht zugänglich), 1768 in den Formen des späten Rokoko entstanden. Bauherr war Joseph Tonella, die Stuckarbeiten im Inneren wurden vermutlich von einem der Brüder Feichtmayr ausgeführt. Mehrere Deckenfresken, Allegorien der Gerechtigkeit, des Handels und die Darstellung „Jakobs Traum von der Himmelsleiter".

In den Kellergewölben des *Stiermannhauses* (Nr. 83; „Welser-Kuche") kocht man nach Rezepten aus dem Kochbuch der Augsburgerin Philippine Welser, der späteren Gemahlin des Erzherzogs Ferdinand von Tirol. Ein mittelalterliches Schlemmermahl, von „Knechten und Mägden" in handgetöpfertem Tongeschirr serviert, ist ein kulinarisches Erlebnis. Der prächtige Freskensaal im 1. Stock (Dreikaisersäle) kann für festliche Veranstaltungen angemietet werden.

Stadtbesichtigung 2: Vom Ulrichsplatz zum Elias-Holl-Platz

*St. Ulrich und Afra – St. Ulrich – *Rotes Tor – ehem. Kattunmanufaktur Schüle – Erster Augsburger Eisenbahnhof – Spitalgasse – Handwerkerweg – Heilig-Geist-Spital – *Römisches Museum – St. Antonius-Kapelle – Holbeinhaus.

Südlich der Armenhausgasse geht die Maximilianstraße in den Ulrichsplatz (Pl. C5) über, den eine prächtige Baugruppe von städtebaulich eindringlicher Wirkung dominiert: die mit schlankem Zwiebelturm am höchsten Punkt der Altstadt aufragende kath. Stadtpfarrkirche St. Ulrich und Afra, davor der niedrigere Giebelbau der ev. Ulrichskirche.

Das Nebeneinander namensgleicher evangelischer und katholischer Kirchen (neben St. Ulrich auch noch bei Hl. Kreuz) wird heute vielfach als architektonisches Bekenntnis zur Parität beider christlicher Konfessionen in Augsburg gedeutet.

Die ev. Ulrichskirche war ursprünglich das Predigthaus von St. Ulrich und Afra; es diente Wallfahrern als Kaufstätte und reichen Augsburger Bürgern als Grablege. Sie wurde erst nach Einführung der Reformation in Augsburg ev. Pfarrkirche. Aus dieser profanen Herkunft läßt sich auch die ungewöhnliche Lage der Kirche (quer zur Basilika, nach Süden gerichtetes Altarhaus) erklären. Ähnlich wie die Bürger beim Dom (s. S. 24) hatten sich hier die Katholiken das Recht ausbedungen, zu jeder Zeit (auch während der Gottesdienste) mit ihren Täuflingen durch die Ulrichskirche in die Jakobskapelle (Taufkapelle, wurde abgebrochen) zu gehen. Dererlei Unsitten wurden erst im Aufklärungszeitalter abgestellt. Ein bestehender Durchgang zur Abteikirche St. Ulrich und Afra wurde 1568 vermauert.

Der schlichte Saal ist 38 m lang und 17 m breit; besonders ins Auge sticht zunächst die anmutige Stuckverzierung der Decke, die in ihrer Art ein Novum im protestantischen Kirchenbau vorstellt: Aufgrund fehlender architektonischer ‚Gelenkstangen' mußte die Dekoration frei über die große Fläche verteilt werden. Dem Augsburger Stukkateur Matthias Lotter gelang dies Anfang des 18. Jhs. hervorragend. Die Kanzel aus Nußbaumholz wurde etwa zur gleichen Zeit von Daniel Scheppach hergestellt. Auf dem Kanzeldeckel steht Johannes, umgeben von vier Putten; am Kanzelkörper sind die vier Evangelisten dargestellt. Die zahlreichen Gemälde stammen aus dem 17. Jh., ihre Meister sind jedoch unbekannt. Selbst die schlichten Sitzreihen bergen eine Kuriosität: Die vordere Hälfte wurde klappbar ausgeführt, so daß man alternativ zum Altar oder zur Kanzel blicken konnte.

Das hohe spätgotische Langhaus von *St. Ulrich und Afra, die bis 1802 Abteikirche eines Benediktinerklosters war, ist an Stelle mehrerer Bauten des 8.–12. Jhs. 1474 in Backstein begonnen und 1500 von Burkhard Engelberg, dem Meister des Ulmer Münsterturms, vollendet worden. Im gleichen Jahr legte Kaiser Maximilian I. den Grundstein zum Chorbau seines ‚Reichsgotteshauses‘, der aber wegen der Glaubenskämpfe erst 1603 abgeschlossen werden konnte. Von dem Turmpaar in den Chorflanken wurde nur der weithin die Landschaft bestimmende nördliche Afraturm 93 m hochgeführt und 1594 mit der Zwiebelkuppel vollendet. Über dem mutmaßlichen Grab der hl. Märtyrerin Afra († um 304) entwickelte sich eine 565 erstmals bezeugte Wallfahrt; der hl. Bischof Ulrich wurde 973 hier begraben.

Am Westende des linken Seitenschiffes betritt man die Kirche, die seit 1937 Päpstliche Basilika ist, durch ein 1497 geschaffenes Portal (kunstvoller Baldachinvorbau).

Inneres

Die Einrichtung des hohen und lichten Raums wurde nach den Bilderstürmen des 16. Jhs. neu geschaffen. Ein 1712 entstandenes, kunstvoll gearbeitetes *Gitter trennt das Westjoch als Vorraum von der dreischiffigen Basilika. Die Kunstschreinerarbeiten sind von E. B. Bendel, die meisterhaft geschmiedeten Eisenfüllungen, die perspektivisch gesehene Laubengänge darstellen, das Werk eines unbekannten Schmiedes.

Die Orgel stammt im Gehäuse von 1608, das Werk ist mehrfach erneuert. An den Seitenschiffswänden qualitätvolle Kreuzwegstationen von Januarius Zick (um 1780) und reichgeschnitzte Beichtstühle (Bendel, 1712).

Im 30 m hohen Mittelschiff steht vor dem Chor der *Pfarraltar* (1): Christus am Kreuz mit überlebensgroßen Begleitfiguren, eine vorzügliche Bronzegruppe von H. Reichle. Die riesigen, bunt und festlich wirkenden drei *Choraltäre* wurden 1604–07 von Joh. Degler geschnitzt, der auch die Kanzel schuf. Ihre Themen sind: Pfingstwunder (links), Christi Geburt (Hochaltar) und Auferstehung (rechts). An der nördlichen Querhauswand zwei *Tafelgemälde* (2) mit Szenen aus der Ulrichslegende von einem niederländisch geschulten Meister (um 1450), dazwischen ein großes spätgotisches Madonnenbild. Ein bedeutendes Werk ist auch die Gregor Erhart zugeschriebene Muttergottesstatue der Zeit um 1495 am nordwestl. Vierungspfeiler.

In der *Bartholomäuskapelle* (3) an der Nordostecke des linken

St. Ulrich und Afra

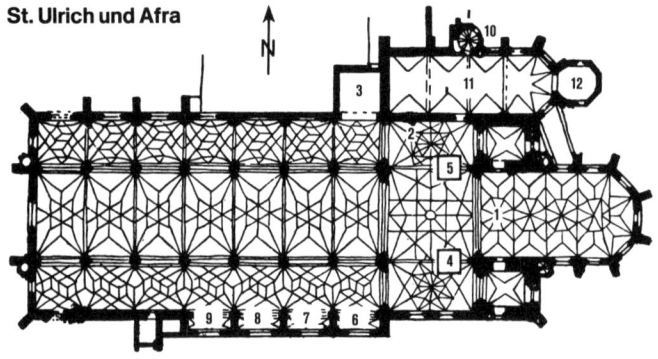

1 Pfarraltar	5 Grabkapelle der hl. Afra	9 Benediktuskapelle
2 Tafelgemälde	6 Georgskapelle	10 Marienkapelle
3 Bartholomäuskapelle	7 Andreaskapelle	11 Sakristei
4 Grabkapelle des hl. Ulrich	8 Simpertuskapelle	12 Allerheiligenkapelle

Seitenschiffs, die Phil. Eduard Fugger (S. 38) sich um 1600 als Grablege einrichten ließ, sind Stücke des einstmals großen Kirchenschatzes ausgestellt, u. a. Gewänder, Rahmenreliquiar und Kamm des hl. Ulrich sowie zwei Abtstäbe des 11. und 13. Jhs.

Die 1962 von Jos. Wiedemann (München) neugestaltete Unterkirche vereinigt die *Grabkapelle des hl. Ulrich* (4) von 1762 (Marmortumba von P. Verhelst) mit einer neuen *Grabkapelle für die hl. Afra* (5) zu einer feierlichen Gedenkstätte für die beiden Kirchenheiligen. In dem spätantiken Steinsarkophag soll die hl. Afra ursprünglich beigesetzt worden sein.

Von den vier Kapellen des südl. Seitenschiffs sind die *Georgskapelle* (6; Altar von 1629), die *Andreaskapelle* (7; Altar von 1582) und die *Benediktuskapelle* (9; Altar von 1590) Fuggersche Grabstätten. In der *Simpertuskapelle* (8) befindet sich das Grab des 1450 kanonisierten Augsburger Bischofs Simpert; die Kapelle wird überwölbt von dem nach 1492 gebauten ‚Simpertusbogen‘. Auf den Arkadenschranken stehen Terrakottastatuen Christi und der Apostel, gefällige Arbeiten des Florentiner Carlo Pallago, 1582.

Die *Marienkapelle* (10; 1601 erbaut) oberhalb der *Sakristei* (11) beherrscht ein hoher *Schnitzaltar von 1570, der frühere Hochaltar. Ostwärts an der Sakristei die 1698 angebaute *Allerheiligenkapelle* (12).

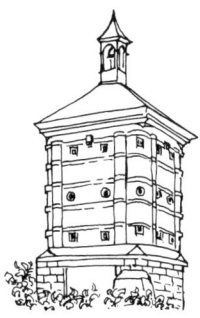

Unweit südöstlich der Ulrichskirche steht als Zeuge reichsstädtischer Wehrhaftigkeit das 1622 von Elias Holl über spätmittelalterlichem Kern errichtete ***Rote Tor** (Pl. D6). Das niedrige Vortor ist von 1546, der Rote Torwall, eine trutzige Rundbastion inmitten hübscher Anlagen, wurde 1611 gebaut. Einen malerischen Winkel bilden die drei Wassertürme, deren Untergeschosse (15. Jh.) im 16./17. Jh. aufgestockt und später mit flacher Kuppel bzw. Balustergalerie versehen wurden: der Große Turm (zwei achteckige Obergeschosse, Balustrade), der Kleine Turm (zwei sechseckige Obergeschosse, Kuppelgeschoß innen stuckiert), der Kastenturm (zwei achteckige Obergeschosse, Balustrade). Bereits im 15. Jh. war eine öffentliche Wasserversorgung mit Pumpwerken und hochgelegenen Durchlaufreservoiren angelegt worden; Anfang des 18. Jhs. wurde die Anlage modernisiert, das Wasser über 9 Ketten- und Kurbelpumpen bis in 29 m Höhe gehoben und ein Versorgungsnetz von knapp 10 km bedient.

Diese Baugruppe gibt der 1930 großzügig angelegten **Freilichtbühne** (2000 Plätze) einen einzigartigen Hintergrund. Das weiter nördlich gelegene *Vogeltor* (Pl. D4) wurde 1445 errichtet.

Jenseits der Rote-Torwall-Straße liegen zwei wirtschaftsgeschichtlich bedeutende Gebäude. Die 1770/72 im klassizistischen Stil erbaute, ehem. *Kattunmanufaktur Schüle* (s. S. 28 und 32), ein schloßartiger Fabrikpalast in Hufeisenform mit zwei Seitenflügeln von 100 m Länge, die vor kurzem der Spitzhacke zum Opfer fielen. In der Baumgartnerstr. 9 der 1840 eröffnete *Erste Augsburger Eisenbahnhof* (s. S. 28), der heute als Straßenbahnhof benutzt wird. Von seiner ursprünglichen Anlage sind die Seitenwände der Abfahrtshalle und deren eindrucksvoller hölzerner Dachstuhl erhalten.

Der Augsburger **Handwerkerweg** führt durch: Lechviertel zwischen Rathaus und Rotem Tor. In der Spitalgasse (Pl. D6) können historische Handwerksbetriebe besichtigt werden, z. B. in Nr. 8 *Die Bäckerei*. Wer sich eingehend mit den alten Handwerken befassen möchte, sollte dem *Schwäbischen Handwerkermuseum* im restaurierten Brunnenmeisterhaus (Öffnungszeiten s. S. 13) einen Besuch abstatten. – In der Spitalgasse 15 ist das berühmte Marionettentheater *Augsburger Puppenkiste* (s. S. 16) untergebracht.

Das **Heilig-Geist-Spital** an der Spitalgasse, Holls letztes Werk (1623–31), ist ein Vierflügelbau mit Pfeilerarkaden um einen stattlichen Hof, der 1967 als ein besonderes Zeugnis Hollscher Baukunst wiederhergestellt wurde. Ein zierliches Giebeltürmchen mit Zwiebelhaube kennzeichnet die um 1720 barockisierte kath. Spitalkirche *St. Margareth* (Pl. D5), ehemals Kapelle eines Dominikanerinnenklosters, dessen Gebäudetrakt, der sogen. ‚Wollmarkt‘ (jetzt Altersheim), ebenfalls 1967 von allen Verbauungen gesäubert wurde.

Die Spitalgasse läuft nach Norden als Bäckergasse (Pl. CD5) weiter. Im Haus Nr. 21 wurde Elias Holl geboren (Tafel). Ein Abstecher am Ende der Bäckergasse führt zum *Wasserrad am Schwallech*. Mit 2,60 m Breite, 4,50 m Höhe und einem Gewicht von 120 Zentnern dokumentiert es auf eindrucksvolle Weise die traditionelle Nutzung der Wasserkraft.

Hoch über dem Steilhang zwischen der Oberstadt und dem Lechviertel thront als mächtiger Putzbau die ehemalige **Dominikanerkirche St. Magdalena**, die eine große zweischiffige Halle von 1515, deren lichtdurchfluteter schöner Raum 1716–24 von den Brüdern Feichtmayr seine reichen Stukkaturen und die nach Entwürfen Bergmüllers von Alois Mack gemalten Deckenfresken (Rosenkranz-Szenen) erhielt.

Das Besondere an der Kirche waren die Grabkapellen reicher Augsburger Familien (u. a. Fugger, Höchstetter). Die ehemalige Sakristei und Rosenkranzkapelle (Grablege der Familie Rembold), rechts vorne gelegen, weist noch Reste alter Wand- und Deckenbemalungen auf. An den Wänden über den Kapellen befinden sich vier, wohl von Burgkmair gezeichnete, prächtige *Gedenktafeln* aus Rotmarmor (‚die gulden stain‘, 1518–20) für Kaiser Maximilian I., seinen Sohn, König Philipp d. Schönen, und seine Enkel, Kaiser Karl V. und Erzherzog Ferdinand.

In die seit 1802 profanierte Kirche zog 1966 das ***Römische Museum** (Pl. C4) ein. Die antiken Fundstücke stehen in überraschend gutem Einklang mit der barocken Raumdekoration. Der museale Aufbau beginnt mit der Steinzeit und führt über Bronze- und Eisenzeit, die römische Epoche bis zu den Alemannen und Merowingern. Er schließt mit jüngsten Grabungsfunden aus dem frühen Christentum, die bei St. Ulrich zutage kamen. Besonderes Interesse beanspruchen neben Grabreliefs, Sarkophagen und vielen Kleinfunden das schon 1709 in Augsburg geborgene *Pfeilergrab von Oberhausen* (3. Jh.) – neben der berühmten Igeler Säule (bei Trier) und dem Pobliciusgrabmal (Köln) das dritte dieses Typs in Deutschland – und ein 1769 in der Wertach gefundener *Pferdekopf* aus vergoldeter Bronze, 2. Jh., wahrscheinlich Fragment eines repräsentativ gedachten Reiterstandbildes Marc Aurels.

Die 1747 neu ausgestattete **St.-Antonius-Kapelle** (1410) an der Dominikanergasse gibt mit Stuckdekor der Brüder Feichtmayr, Deckenfresken und Altarbildern von Matthäus Günther (1768) eine gute Vorstellung des als ,Augsburger Geschmack' bezeichneten süddeutschen Rokoko. Die Kirche ist nur bei Gottesdiensten zugänglich.

Das nach der Zerstörung im 2. Weltkrieg an alter Stelle, Vorderer Lech 20 (Pl. C 4), wiederaufgebaute **Holbeinhaus** dient mit Künstlerateliers und Ausstellungsräumen als „Ort der Begegnung mit der Kunst". In diesem Haus lebte Hans Holbein d. Ä. von 1496 bis 1516. Im Winter 1497/98 wurde hier sein Sohn Hans geboren, mit dem der Name Holbein Weltruf erlangte.

Unter den alten Bürgerhäusern dieser Straße auffällig durch Winkelstellung der beiden Straßenflügel und feinen Rocaillestuck an der erkergezierten Fassade ist Nr. 8, das, 1765 für die Textilfabrikantin Gignoux erbaut, jetzt das Gasthaus *Blaues Krügle* und das *Schauspielhaus Komödie* beherbergt.

Am Vorderen Lech zeigt *Die Gerberei* (Nr. 32) die althergebrachte Verarbeitung von Fellen. Über die Pfladergasse gelangt man zum Elias-Holl-Platz; unterwegs kann noch *Die Alte Silberschmiede* (Nr. 10) besichtigt werden.

Stadtbesichtigung 3: Lechviertel und Jakoberstadt

Stadtmetzg – Brecht-Haus – Barfüßerkirche – **Fuggerei – Jakobsplatz – Jakobertor – Bastion Oblatterwall – St. Maximilian

Vom Rathausplatz (Pl. C3/4) führt die belebte Straße Perlachberg (Pl. C3) aus der Oberstadt ostwärts bergab in das von vielen Kanälen durchströmte Lechviertel. Hier liegt am kleinen Metzgplatz die 1609 von Elias Holl als Schlachthaus erbaute **Stadtmetzg**. Die Rinderschädel an den Portalen künden noch vom ursprünglichen Zweck des palastartigen Baus, der im 18. Jh. auch Domizil der ‚Reichsstädtischen Kunstakademie' war und heute der städt. Verwaltung dient. Gegenüber der Stadtmetzg der Georgsbrunnen mit Bronzefigur von 1575.

In der schmalen Gasse Auf dem Rain (Pl. C3), östlich der Stadtmetzg, steht unmittelbar am Lechkanal das **Brecht-Haus** (Nr. 7; Gedenktafel), in dem der Dramatiker und Lyriker Bertolt Brecht am 10. Februar 1898 zur Welt kam. Die 1998 anläßlich des 100. Geburtstages neu konzipierte und vergrößerte Ausstellung zeigt Dokumente zu Leben und Werk (Öffnungszeiten s. S. 12). Das spätere Wohnhaus der Eltern befand sich in der Bleichstr. 2 (s. S. 49).

Bertolt Brecht, Sohn eines Fabrikdirektors, besuchte in Augsburg die Volksschule und das städt. Realgymnasium. Schon mit 16 Jahren trat er in den „Augsburger Neuesten Nachrichten" mit Gedichten und Kurzgeschichten hervor und flog 1915 wegen eines pazifistischen Schulaufsatzes fast von der Schule. 1917 machte er das Abitur und ging als Student der Medizin nach München. 1918 leistete er Kriegsdienst in einem Augsburger Seuchenlazarett („Und ich verließ meine Klasse und gesellte mich zu den geringeren Leuten") und schrieb die „Legende vom toten Soldaten" und sein erstes Bühnenstück „Baal". 1919/20 war er Theaterkritiker am Augsburger „Volkswillen", verließ aber die Stadt 1920 nach dem Tode seiner Mutter endgültig. Sein Aufstieg zum Dramatiker vollzog sich in München (1920–24) und Berlin (1924–33). Nach 15 Jahren des Exils (1933–48) ging Brecht, da ihm die alliierten Behörden die Einreise nach Westdeutschland verweigerten, nach Ostberlin, wo er das „Berliner Ensemble" gründete und bis 1956 als Theaterleiter und Schriftsteller wirkte. Am 14. August 1956 ist er in Berlin gestorben und ruht dort auf dem Dorotheenstädtischen Kirchhof.

Der ev. **Barfüßerkirche** (Pl. C3) verblieb nach dem Krieg nur der steil in die Höhe drängende Chor als Rest einer franziskanischen Klosteranlage von 1400, deren Anfänge bis in die Mitte des 13. Jh. zurückgehen. Die spitzbogigen Lichtöffnungen wurden um 1720 in Rundbogen- und Ovalfenster aufgeteilt. Im Innern sind neben barocken Gemälden zwei ausgezeichnete Holzskulpturen von G. Petel (um 1630) sehenswert: ein großer Gekreuzigter und die anmutige

*Figur des segnenden Christkindes. Das vortrefflich geschmiedete Chorgitter ist von 1760.

Die Jakoberstraße (Pl. D3) hat nach schweren Schäden ein neues Gesicht bekommen. Von den alten Häusern ist Nr. 49 das aufwendigste: ein Giebelbau mit Erker aus dem Anfang des 17. Jh.

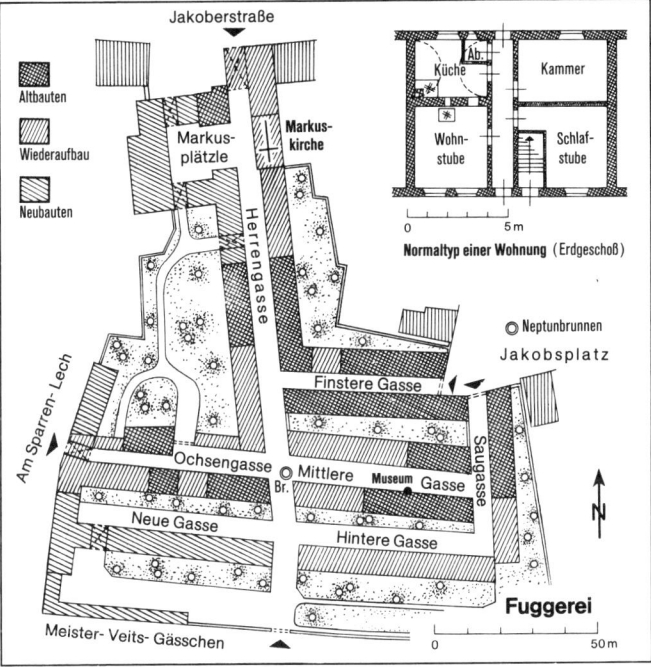

Ein vom zerstörten ‚Höchstetterhaus' in der Ludwigstraße an den Neubau des Fuggerschen Familienseniorats übertragener zierlicher Erker der Spätgotik (1506) markiert den Zugang zur **Fuggerei** (Pl. D4). Die als Stiftung der Brüder Jakob, Georg und Ulrich Fugger 1516–23 errichtete, älteste Sozialsiedlung der Welt umfaßt einen von rd. 300 Personen bewohnten Häuserkomplex an sieben Sträßchen, der in der Großstadt Augsburg die Idylle einer kleinen Stadt für sich darstellt. Sie ist nach allen Seiten hin ummauert und durch fünf – auch heute noch ab 22 Uhr

gesperrte und nur nach Hinterlegen einer ‚Sperrgebühr‘ zugängliche – Tore verschließbar. An den geraden, schmalen Gassen ziehen sich in durchweg gleicher Architektur unter gemeinsamen Dächern die zweigeschossigen Reihenhäuschen hin. Ursprünglich aus 53 Doppelhäusern bestehend, wurde die Fuggerei nach dem Krieg, in dem sie zwei Drittel ihrer Substanz verloren hatte, um die im alten Stil aufgeführten Neubauten u. a. in der Neuen Gasse um ein Drittel vergrößert. Die nur symbolisch zu bewertende jährliche Miete beträgt seit über 400 Jahren einen Gulden = 1,72 DM, verpflichtet aber die Bewohner, die Augsburger, unbescholten, katholisch und arm sein müssen, täglich „ein Pater Noster, Ave Maria und einen Glauben für die Fundatores" zu beten.

Dieser Aufgabe dient die *Markuskirche*, in der äußeren Erscheinun ein schlichter Saalbau mit Zwiebeltürmchen (1582), der eine schöne Ausstattung hat. Die reiche Kassettendecke des 16. Jhs. stammt aus einem Fuggerhaus, das Epitaph für Ulrich Fugger († 1510) an der Westwand übernahm man aus der Fuggerkapelle in St. Anna (S. 52). Der kleine vergoldete Flügelaltar von 1540 (Marienkrönung) an der linken Seitenwand zierte einst die Hauskapelle des Fuggerschen Stadtpalastes.

In der mittleren Gasse ist das Haus Nr. 13 mit der ältesten erhaltenen Wohnung als *Fuggerei-Museum* eingerichtet, das Mobiliar stammt aus dem 17./18. Jh. (Öffnungszeiten s. S. 12). An Nr. 14 gedenkt eine Tafel des Maurers Franz Mozart, Urgroßvaters von Wolfgang Amadeus, der 1681–93 hier wohnte.

Der **Neptunbrunnen** auf dem stillen Jakobsplatz (Pl. D3) trägt eine Mitte des 16. Jhs. nach antikem Vorbild gegossene Bronzestatue. Im Zentrum der Jakobervorstadt, die alljährlich im Hochsommer eine Woche lang die ‚Jakober Kirchweih‘, Augsburgs ältestes Volksfest, auf Straßen und Plätzen feiert, steht die ev. **St.-Jakobs-Kirche**. Dem von Wohnhäusern und Läden umschlossenen Bau blieb an Altem nur der polygonale (vieleckige) Chor (um 1355). Das im 18. Jh. umgestaltete Langhaus mußte 1949 völlig erneuert werden. Im Chor hängt ein Altarbild der sogen. „Donauschule" (Verkündigung) aus der Zeit um 1525. 1990 wurde das von Brocker geschaffene Altarkreuz aufgestellt.

Die Jakoberstraße schließt nach Osten das **Jakobertor** ab, ein stattlicher Backsteinbau des 14./15. Jhs., den ein achteckiger Turm krönt; auf der Stadtseite das Augsburger Wappen. Links vom Tor ein Stück modernisierter und mit Wohnungen versehener Stadtmauer. Schöner Rückblick auf den von Perlachturm und Rathaus überhöhten Chor der Jakobskirche.

Unweit südlich des Tors liegt in einer Parkanlage am Stadtgraben der **Jakoberwall**, ein um 1540 aufgetürmtes festes Bollwerk. Nördlich, an der Unteren Jakobermauer, steht der rund 100 Jahre ältere, malerische **Fünfgratturm**, auch ‚Fünffingerlesturm‘ genannt, da vier runde Erkertürmchen sein steiles Zeltdach umgeben. Über den ‚Gänsbühl‘, vorbei an einem Hollschen Wasserturm von 1608, erreicht man die gleichzeitig mit dem Jakoberwall angelegte **Bastion Oblatterwall** (Pl. D2; Eingang zur „Kahnfahrt“, April–Okt.)

Jenseits des Oblatterwalls liegen in der Bleichstraße die *Haindlschen Stiftungshäuser*, errichtet von der Witwe des Papierfabrikanten Georg Haindl (1816–1878). Ähnlich dem Vorbild der Fugger (Fuggerei) sollten hier bedürftige Bürger bei geringer Miete wohnen. Im Haus Nr. 2 wuchs Bertolt Brecht auf, eine Tafel erinnert daran.

St. Maximilian (Pl. D2), die kath. Pfarrkirche der Jakobervorstadt, war 1613 als Franziskanerklosterkirche errichtet worden; 1944 sank sie in Schutt und Asche. Den Neubau von 1951 setzte Dominikus Böhm (Köln) an die stehengebliebene Giebelfront. Franz Nagel schmückte Decke und Apsis des wirkungsvollen Raums mit großflächigen farbintensiven Malereien. Von dem wenigen, was an alter Ausstattung blieb, ist die Sebastiansfigur ein typisches Werk Georg Petels (um 1630).

Stadtbesichtigung 4: Westlicher Teil der Altstadt und Domstadt

Welserhaus – *Maximilianmuseum – **St.-Anna-Kirche – Stadtmarkt – **Dom – Heiligkreuzkirchen – Stadttheater – Mozarthaus – Jesuitengasse – St. Stephan – Bastion Lueginsland

Die vom Rathausplatz südlich in großer Kurve abzweigende Philippine-Welser-Straße (Pl. BC/4) zeichnen beachtliche Patrizierhäuser aus. Vom einst vielbewunderten Doppelhaus der Brüder Georg und Ulrich Fugger, Nr. 18 (und Annastr. 19), blieben allerdings nur die an einem Warenhausneubau wiederverwendeten spätgotischen Wappenportale (um 1495) übrig. Nr. 13 (und Annastr. 25) ist das **Welserhaus** (Kern 16. Jh., Fassade 18. Jh., Wiederaufbau 1946–1948), das Elternhaus der Philippine Welser, woran die obere der beiden Steintafeln erinnert. Die untere ließ ein Kaufmann anbringen: „Bertold Walter. Großhandlung. Holz-, Seegras-, Wald- und Landesprodukte" – eine interessante Mischung ...

Auf dem Platz davor steht das dem ‚Beförderer der Wissenschaft' *Hans Jakob Fugger* (1516–75) im Jahre 1857 von König Ludwig I. gewidmete Denkmal; seine Bücherstiftung bildete mit den Grundstock der Bayerischen Staatsbibliothek in München. In dem Haus der Patrizierfamilie Köpf (Nr. 28), einem Prachtbau von 1739, ist im Erdgeschoß die 1578 von Joh. Holl gestaltete prunkvolle *Halle erhalten. Das Deckenbild (Gottfr. Bernh. Götz, 1739) verherrlicht das Glück des Handels (Treppenhaus 3. Stock).

Das städtische **Maximilianmuseum** (Pl. B4) nimmt auf der westl. Straßenseite (Nr. 24) zwei stattliche Häuser des 16. Jhs. ein. Die Straßenfront zieren reichdekorierte Erker und ein Portal von 1546. Die gewölbte Erdgeschoßhalle ist ebenfalls aus der Erbauungszeit. Im Hof steht u. a. ein machtvoller *Bronzeadler* (H. Reichle, 1606) vom Siegelhaus, das bis 1809 die Mitte der Maximilianstraße beim Herkulesbrunnen einnahm. Die oberen Räume haben mehrere, um 1700 von Melchior Steidl gemalte Deckenbilder bewahrt. Das Museum wurde 1855 gegründet und bietet ein anschauliches Bild des Kunstgewerbes Alt-Augsburgs. Bedeutend ist auch die Sammlung zur schwäbischen Skulptur. Wechselnd mit dem Louvre zeigt das Museum eine äußerst seltene, vollständige Garnitur Augsburger Silbermöbel des 17. Jhs.

Dem Maximilianmuseum angegliedert ist die Galerie im Welserhof. Sie zeigt zeitgenössische deutsche Kunst aus den Beständen der Städtischen Kunstsammlungen sowie Plastiken von Fritz Koelle und Bilder von Otto Scheinhammer.

Das Maximilianmuseum wird 1998 einer baulichen und konzeptuellen Neustrukturierung unterzogen. Klima-, licht- und sicherheitstechnische Neuinstallationen sowie eine neue Präsentation der Sammlungsbestände machen eine vorübergehende Schließung des Hauses notwendig.

Erdgeschoß:
*Grabmal für Abt Mörlin von St. Ulrich und Afra, um 1497.
*Kruzifix, um 1180; weibliche Heilige von H. Multscher, um 1440.

Erster Stock:
*Plastiken von G. Petel u. E. B. Bendel.
Schild, Helm u. Schwert Karls V. von der Totenfeier für den Kaiser im Augsburger Dom (1559).
Kleinplastiken des Barock.
Musikinstrumente.
alte Kassetten- u. Balkendecke, Freskoreste, um 1510/15; Architekturmodelle, vornehmlich des Rathauses; *Stadtmodell von 1563.
Altarmodelle.
Miniaturen, Wachsplastik.
Skulpturen von Ignaz Günther. Deckenfresko von Melchior Steidl.

Zweiter Stock:
astronomische Instrumente u. Uhren.
Augsburger Goldschmiedekunst; *Silbermuttergottes, um 1490.
*Augsburger Silbermöbel 17. Jh.
Schwäbische Fayencen.
Porzellan.
Schmiedeeisen.
Festsaal (Deckenfresko von Melchior Steidl, um 1700; Kamin von 1548).

Die **St.-Anna-Kirche** (ev., seit 1525), gegenüber der Annstraßenfront des Museums, wurde 1321 von Karmelitermönchen als Kloster und Kirche gegründet und 1487–97 durchgreifend umgebaut. Den übereckgestellten schlanken Turm fügte Elias Holl 1602 hinzu.

Inneres

Das 1748 in Rokokoformen dekorierte Innere ist von hoher Festlichkeit, zumal die reiche alte Ausstattung im Krieg unversehrt blieb. Im Langhaus Stukkaturen der Brüder Feichtmayr, Deckengemälde (Bergpredigt, Kreuzigung und Jüngstes Gericht) von J. G. Bergmüller, 1748, und eine schöne Kanzel von 1682. Am rechten Chorbogen unter der Empore ein 1632 datiertes Bildnis Gustav Adolfs als Eroberer von Augsburg. Weitere interessante und künstlerisch bedeutende Gemälde hängen im 1497 spätgo-

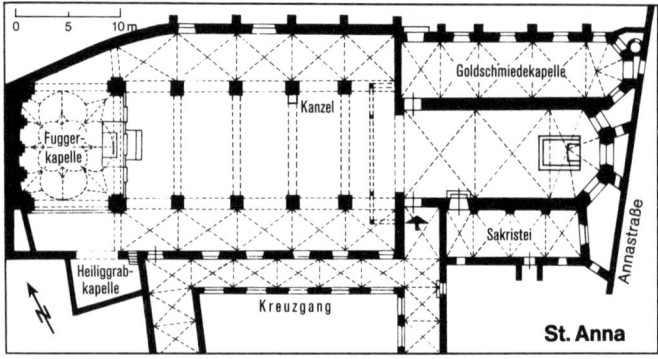

tisch vollendeten Chor: L. Cranach d. Ä., Jesus als Kinderfreund, um 1540 (Altarpredella), Martin Luther u. Kurfürst Joh. Friedrich von Sachsen, 1529; Chr. Amberger, Die klugen und törichten Jungfrauen, 1560. Die 1420 gestiftete und 1496 um die beiden westlichen Joche verlängerte *Goldschmiedekapelle* hat vollständige Wandbemalung aus beiden Bauzeiten.

Einen westlichen Altarraum bildet die als erste Raumschöpfung der Renaissance auf deutschem Boden in die Kunstgeschichte eingegangene *Fuggerkapelle*. Jakob Fugger, der Reiche, ließ sie 1509–18 nach Entwürfen von Hans Burgkmair und Sebastian Loscher als Familiengrabstätte – venezianisch geprägt unter spätgotischer Wölbung – einrichten. Hinter der mit reizenden Putten von Loscher geschmückten Brüstung steht der Hans Daucher zugeschriebene *Altar* mit einer realistischen Fronleichnamsgruppe und drei kleinen Predellenreliefs (Passionsszenen). An der Rückwand in Blendarkaden vier große Epitaphe aus Solnhofener Marmor; die beiden äußeren für Jakob Fugger, die mittleren für seine Brüder Georg und Ulrich mit Reliefs der Auferstehung und Simsons Philisterkampf nach Zeichnungen Dürers, vermutlich von Adolf Daucher und seinem Sohn Hans ausgeführt. Darüber, wirkungsvoll um ein Kreisfenster komponiert, eine *Doppelorgel* von 1512 (Kopie). Die Gemälde der Flügel – Himmelfahrt Christi und der Maria – sind von J. Breu d. Ä., ebenso das Epitaph (Christus in der Vorhölle) der linken Abseite. Links davon hinter Eisengittern die *Heiliggrabkapelle* mit Grabaufbau von Joh. Holl. 1598.

Der erneuerte *Kreuzgang* weist in allen vier Flügeln über 100 Grabdenkmäler des 15.–18. Jhs. für Augsburger Patrizierfamilien auf.

Im ‚Lutherhöfle' des früheren Annenklosters wohnte der Reformator im Oktober 1518, als er dem päpstlichen Legaten Cajetan den verlangten Widerruf seiner Thesen verweigerte (Gedenktafel). – Der Altbau des 1531 gegründeten **Anna-Gymnasiums** am Annahof, südwestlich der Kirche, ist ein Werk des Elias Holl von 1615. Der spätere Kaiser Napoleon III. hat 1821–23 diese Schule besucht.

Der **Goldschmiedebrunnen** (1913) auf dem Martin-Luther-Platz (Pl. B4; 7), östlich von St. Anna, erinnert an den Augsburger Kunstzweig, der es zu internationalem Ansehen brachte und dieses noch heute genießt.

Nördlich von St. Anna liegt hinter neuen städtischen Verwaltungsgebäuden (mit bemalten Erkern) zwischen Anna- und Fuggerstraße der auf mittelalterlicher Tradition fußende **Stadtmarkt**; er bietet nicht nur ein buntes Bild, sondern auch eine gute Möglichkeit, das „Volk von Augsburg" kennenzulernen. – Aus der Annastraße nach Norden weiter über Kesselmarkt und Johannisgasse, vorbei am ehem. Verlagshaus der „Augsburger Allgemeinen Zeitung" (heute Hotel) zum mächtig aufragenden Dom, dessen spitze Turmhelme unter den vielen Zwiebeltürmen ungewöhnlich sind. Der Brunnen am Hohen Weg vor dem Dom (1986; Henselmann) stellt die drei wichtigsten Augsburger Heiligen dar: die hl. Afra und die Bischöfe Simpert und Ulrich.

Der **Dom

Äußeres. Der Dom birgt unter gotischer Hülle einen 1065 geweihten romanischen Kern aus Bruchsteinen, der von den (im Oberbau mehrfach veränderten) Osttürmen bis zur Westapsis reicht und das Hochschiff mit den inneren Seitenschiffen sowie das westliche Querhaus umfaßt. Aus den Türen des romanischen Domes zusammengesetzt wurde die *Bronzetür* aus dem 11. Jh. Sie zeigt auf 35 Relieftafeln schwer deutbare Szenen aus dem Alten Testament und antikische Themen. Von der Südseite des Langhauses wurde sie aus konservatorischen Gründen ins Dominnere (Nordseite) verlegt.

Die romanische Pfeilerbasilika wurde 1331–43 von Meistern der Parler-Schule aus Schwäbisch Gmünd gewölbt, durch zwei äußere Nebenschiffe in Backstein zu einer fünfschiffigen Kirche gotischen Stils erweitert und 1356 1431 in langer Bauzeit mit dem hohen Kathedralchor geschlossen; ihn zeichnen reichskulptierte *Portale* aus. Beide sind als Marienpforten gedacht und in ihrem bildnerischen Schmuck Hauptakzente der gesamten Außenarchitektur. Das 1967 nach mehrjähriger Arbeit erneuerte Nordportal ist von

1343, das Südportal wurde um 1360 vollendet; beide haben vorzügliche Madonnenstatuen an den Mittelpfosten und figurenreiche
Bilderfolgen aus dem Leben der Dompatronin St. Maria.

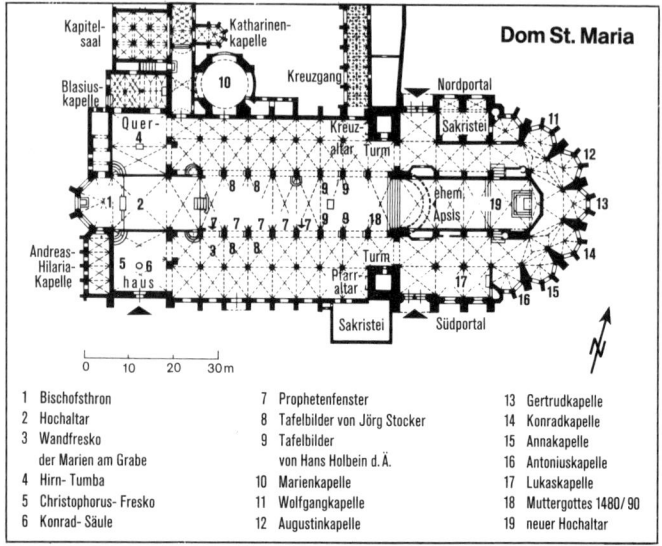

1 Bischofsthron	7 Prophetenfenster	13 Gertrudkapelle
2 Hochaltar	8 Tafelbilder von Jörg Stocker	14 Konradkapelle
3 Wandfresko	9 Tafelbilder	15 Annakapelle
der Marien am Grabe	von Hans Holbein d. Ä.	16 Antoniuskapelle
4 Hirn- Tumba	10 Marienkapelle	17 Lukaskapelle
5 Christophorus- Fresko	11 Wolfgangkapelle	18 Muttergottes 1480/90
6 Konrad- Säule	12 Augustinkapelle	19 neuer Hochaltar

Inneres. 1934 wurde durch eine gute Restaurierung die ursprüng-
liche Farbgebung und damit das mittelalterliche Raumbild zurückgewonnen. Damals wurden auch alte Wandmalereien und
schöne Gewölbeschlußsteine freigelegt. Die stattlichen Abmes-
sungen des Doms betragen 113 m Länge und 40 m Breite; das
Mittelschiff ist 18 m, der Ostchor 28 m hoch.
Westchor: Die Chorschranken haben virtuos gemeißeltes Stein-
metzwerk um 1501 (B. Engelberg). Der auf zwei Löwen ruhende
Bischofsthron (1) aus Marmor im Chorhaupt gehört der Zeit um
1100 an. Der *Hochaltar* (2) hat ein spätgotisches, durch drei Kiel-
bögen gegliedertes Gesprenge (Aufbau) aus Erzguß (1447), Chorgestühl (1495) und Hängeleuchter sind ebenfalls spätgotisch. Am
Südpfeiler ein *Wandfresko der *Marien am Grabe* (3), das 1934
aufgedeckt wurde. Es zeigt die trauernden Frauen am Grabe
Christi, gemalt um 1430 im sogen. „Weichen Stil", sowie ein älteres
Freskenfragment, den Schmerzensmann um 1360.
Die Krypta unter Westchor und Vierung besteht aus einem
älteren westlichen Teil (Ende 10. Jh.) und einer jüngeren vier-

schiffigen Halle im Osten (1065). In beiden Teilen kann man noch Freskenreste entdecken.

Im Querhaus nördlich befinden sich eine eindrucksvolle, ab 1591 gemalte Bildnisreihe der 77 Augsburger Bischöfe von 296 bis heute und eine *Steintumba* für Konrad und Afra Hirn (4) von 1425, ursprünglich in der von ihnen gestifteten Goldschmiedekapelle bei St. Anna (S. 52).

Im Querhaus südlich ein 1934 aufgedecktes, 14 m hohes *Fresko des hl. Christophorus* von 1491 (5), ev. von der Hand des Ulrich Apt, und ein farbglühendes Fenster (Marienthron), um 1340. Die *Bruder-Konrad-Säule* (6) wurde 1947 als Votivdenkmal für die Erhaltung des Doms im Bombenkrieg nach dem Entwurf von G. Chorherr (München) errichtet.

Das Mittelschiff hat über den romanischen Pfeilerarkaden in der südlichen Hochwand fünf großartige ****Farbfenster** (7) des Hirsauer Kunstkreises mit feierlich-strengen Prophetengestalten (Jonas, Daniel, Hosea, Moses und David), die – um 1140 entstanden – Deutschlands älteste figürliche Glasmalereien sind. Darunter sieht man die Reste von um 1050 gemalten Wandfriesen. Über den acht Nebenaltären an den Pfeilern hängen spätgotische ***Tafelbilder** des Marienlebens, die erst Mitte des 19. Jhs. aus dem Kloster Weingarten und der Pfarrkirche in Unterknöringen hierher kamen. Die vier westlichen (8) sind vermutlich von Jörg Stocker aus Ulm (1484), die östlichen (9) stellen die frühesten gesicherten Werke von H. Holbein d. Ä. (1493) dar und zeigen Mariens Tempelgang, Geburt Mariae, Beschneidung Christi und Joachims Opfer. Am nördl. Seitenschiff der Eingang zur 1721 als überkuppelter Zentralraum angebauten *Marienkapelle* (10; Kriegsgedenkkapelle), mit schöner zeitgemäßer Stuckausstattung und Altarfiguren, die E. B. Bendel schnitzte. – Rechts neben der Kapellenpforte, im dritten Schiffsfenster, prachtvolle **Marienscheiben* von Peter Hemmel von Andlau, um 1490. An den Innenwänden der Türme befinden sich die Originale der Statuen des Nordportals; von diesen sind besonders beachtenswert die Muttergottes und die Kaiserin Adelheid (mit Dommodell) am nördlichen Turm.

Die mit kunstvollen Eisengittern des 17./18. Jhs. verschlossenen Chorkapellen enthalten Altäre und Bischofsgrabmäler hohen Ranges. *Wolfgangskapelle* (11): *Altarbild, Maria mit dem Kind zwischen den Bistumsheiligen Ulrich und Afra, Hauptwerk von Chr. Amberger, 1554; Grabmal für Bischof Joh. Christoph v. Freiberg († 1690); Elfenbeinkruzifix entfernt.

Augustinkapelle (12): Flügelaltar, um 1520 nach Dürers Marienleben gemalt; Grabmäler der Bischöfe Kardinal Peter v. Schaumberg († 1469) und Joh. v. Werdenberg († 1486).

Gertrudkapelle (13): Glasgemälde (im Mittelfenster) vom ,Meister der Münchener Frauenkirche‘, um 1400; Schnitzaltar, Marientod, um 1510, und Grabmäler für *Friedrich v. Zollern († 1505) und Heinrich v. Lichtenau († 1517), beide in Rotmarmor von Hans Baierlein; dekorative Fresken von 1558.

Konradkapelle (14): sehr farbenfrohes und qualitätvolles Altarbild der Heimsuchung aus Freising um 1470; *Grabmal des Bischofs Wolfhart v. Rot († 1302), die Grabplatte – mit asketisch stilisiertem Antlitz des Toten – ist kunstgeschichtlich bedeutsam und ein hervorragender Bronzeguß.

Annakapelle (15): Altarschrein mit Holzfiguren der hl. Anna und Maria, um 1500; Tafelbild, Anbetung der hl. drei Könige, um 1510/20.

Antoniuskapelle (16): neugotischer Altar mit Tafelbild von ca. 1500; Wappenfresko des 16. Jhs. Gegenüber, in einer Nische der Chorwand, Holzgruppe der Anbetung, um 1550.

Lukaskapelle (17): prunkvoll aufgebauter Altar aus Rotmarmor, 1597. An der Wand neben dem Portal ein stark beschädigter Bischofsgrabstein von 1286.

Am Aufgang zum hohen Ostchor prunkende Epitaphien für Bischöfe aus fürstlichem Hause (18. Jh.); davor im Mittelschiff liebliche *Muttergottes* (18), zu Füßen ein musizierender Engel mit Handorgel, um 1490; Chorgestühl mit originellen figürlichen Schnitzarbeiten, 1430.

In der bronzenen Kreuzigungsgruppe des neuen Hochaltars (19) von 1962 nahm Jos. Henselmann (München) mittelalterliche Formen auf und vereinte sie mit modernen. Unter dem Kreuzesbalken stehen in zwei Doppelreihen übereinander die vom Künstler sehr persönlich empfundenen Apostel. Im Hochwandfenster der Chorstirn ein großes Glasgemälde (Gnadenbaum) von Jos. Oberberger (München), 1954.

Im stimmungsvollen **Kreuzgang**, der 1343 bei der Domerweiterung seinen Südflügel verloren hatte und 1470–1510 spätgotisch umgebildet wurde, befindet sich eine Folge von rd. 400 Grabplatten und Epitaphien. Sie reicht mit kunstgeschichtlich wichtigen Arbeiten der Bildhauer Hans Baierlein, Gregor Erhart, Loy Hering, Jörg Muskat, Hans Reichle u. a. von der Mitte des 14. Jhs. bis um 1800.

Auf dem Fronhof im Süden des Doms wurde 1954 aus zahlreichen Architekturfragmenten und Reliefs des 1.–4. Jhs. n. Chr. die **Römermauer** als Freilichtmuseum aufgebaut. Daneben liegen 1930 ergrabene Fundamente der 1808 abgebrochenen Johanneskirche, einer um 960 errichteten Taufkirche des Doms, sowie Mauerzüge eines frühchristlichen Kirchleins (6./7. Jh.), zwischen denen ein Taufbrunnen der Römerzeit zutage kam.

Westlich vom Dom amtiert die **Regierung von Schwaben** in einem 1743–52 als bischöfliche Residenz aufgeführten, schloßähnlichen Gebäudetrakt (schönes Treppenhaus). Davor, Peutingerstr. 24 (Pl. B3), steht als Rest der bischöflichen Pfalz der sogen. **Burggrafenturm**, ein im Erdgeschoß nach drei Seiten geöffnetes Giebelhaus mit drei achteckigen Erkern aus dem frühen 16. Jh. Gegenüber, Nr. 25, mit spätmittelalterlichem Gepräge und Wappenstein von 1492, das ehemal. bischöfl. *Hofkastenamt* (jetzt Finanzamt). Im 1763 umgebauten Haus Nr. 11 hat einst der Humanist Konrad Peutinger (vgl. S. 30) gewohnt und seine Antikensammlung zusammengetragen. Von ihr sind in der Durchfahrt und im Hof noch Inschriftplatten (auch eine hebräische) und ein spätrömisches Relief eingemauert erhalten. Im ehem. bischöflichen *Hofgarten* groteske Zwergfiguren um einen Springbrunnen.

Im Westen der Regierungsgebäude liegen in engster Nachbarschaft die **Heiligkreuzkirchen** (Pl. AB3). Die kleine *Evangelisch-Heiligkreuz*, mit Zwiebeltürmchen auf dem Giebel der Schauseite, wurde 1653 anstelle der abgerissenen Ottmarskapelle erbaut und 1730 durch das Altarhaus erweitert. Den harmonischen Kirchensaal überspannt eine kassettierte Holzdecke, deren Felder ebenso wie die Emporenbrüstungen dekorativ bemalt sind. Die Wände schmücken zahlreiche Gemälde des 17./18. Jhs., unter diesen neben einem Tintoretto gute Arbeiten der Augsburger Meister Bergmüller, Heiss und Schönfeld.
Der 1719 veränderte spätgotische Hallenbau (1492–1508) von *Katholisch-Heiligkreuz* hatte im Krieg schwer gelitten und wurde unter Besinnung auf die gotische Raumerscheinung in schlichten Formen erneuert. Ein Bild der Himmelfahrt Mariae ist aus der Werkstatt Rubens' (1627); den großen Kruzifixus schuf Petel um 1630. Schönes Eisengitter.

Das **Stadttheater** am Kennedy Platz (Pl. B3), eine von zahlreichen Schöpfungen der auf Theaterbauten spezialisierten Wiener Architekten Fellner und Helmer (1877), war 1944 ausgebrannt. Das 1956 mit 1030 Plätzen wiedereröffnete Haus beherrscht mit neuem Bühnenhausaufbau den nach Süden ausstrahlenden, weit-räumigen Zug der Fuggerstraße und Konrad-Adenauer-Allee; diese bezeichnen den Verlauf der früheren Befestigungswerke, die hier bis 1858 die Altstadt nach Westen abgeschirmt hatten.

In den Ludwigspassagen befindet sich das neue **Naturmuseum und Planetarium** (Eingang Ludwigstr.). Die verschiedenen Abteilungen Mineralogie, Paläontologie, Zoologie und Ökologie zeigen auf drei Geschossen die Entwicklung der Tiere und Pflanzen in der Erdgeschichte, Exotisches aus aller Welt sowie das Leben im Zeit-alter des Tertiär. Eine Attraktion ist das im 5. Obergeschoß einge-richtete *Planetarium*. Alles Wissenswerte und Interessante über un-seren Sternenhimmel, über kosmische Erscheinungen und vieles mehr wird hier spannend und effektvoll aufbereitet (Öffnungs- und Vorführungszeiten s. S. 13).

Die mittelalterlich enge Frauentorstraße (Pl. B2) führt aus der Domstadt (deren alte Wehrmauer zwischen Mittlerem und Äußerem Pfaffengäßchen noch aufrecht steht) nach Norden in die Frauenvorstadt. Hier trifft man noch auf Giebelhäuser mit steilen Treppengiebeln gotischen Charakters.

Nr. 30 ist das **Mozarthaus**, in dem Leopold Mozart, Vater des großen Komponisten, dessen eigenständige geistesgeschichtliche Bedeutung früher zweifellos unterschätzt wurde, am 14. November 1719 als Sohn eines Buchbindermeisters geboren wurde. Obwohl bereits mit 18 Jahren nach Salzburg verzogen und dort geblieben, hat er sein Augsburger Bürgerrecht lebenslang beibehalten. Das schlichte Bürger- und Handwerkerhaus mit neuem Foyer zeigt ein liebevoll gestaltetes Bild vom Leben und Wirken der Familie Mo-zart, deren letzter weiblicher Augsburger Nachkomme im Jahre 1965 starb.

In der von der Frauentorstraße westlich abzweigenden Jesuiten-gasse (Pl. B2) erfreut im Obergeschoß des früheren Jesuitenkollegs St. Salvator, Nr. 12, die glanzvolle Rokokodekoration (1765) des sogen. *Kleinen Goldenen Saals*, ehemals Kongregationssaal der Jesuiten (keine Besichtigung). Das große Plafondbild des Asam-Schülers Matthäus Günther stellt die Dreifaltigkeit mit der Imma-kulata und die Weissagung Jesajas an König Ahab dar.

Im Nordosten der Frauenvorstadt steht am Stephansplatz (Pl. C2) die nach der Kriegszerstörung 1951 in einfachen Formen wieder aufgebaute Benediktinerstiftskirche **St. Stephan**, deren Vorgängerin eine prächtige Schöpfung des späten Rokoko war. An der ‚Schwedenmauer‘ daneben die *St.-Gallus-Kapelle* von 1590, die jetzt dem russisch-orthodoxen Bekenntnis dient. Feine Stukkatur des 16. Jhs. namentlich in den Kassetten des Chorgewölbes. Unter der Kapelle wurde eine frühchristliche Basilika aufgedeckt.

Weiter nördlich liegt an der nordöstlichen Ecke der Unteren Vorstadt die als letztes Werk der mittelalterlichen Stadtbewehrung 1430 ausgeführte und bis 1704 mehrfach den Verbesserungen der Feuerwaffen angepaßte **Bastion Lueginsland**. Über die Promenade an der Thommstraße nach Westen zum **Wertachbrucker Tor** (Pl. A1), das Elias Holl 1605 als achtseitigen Geschützturm auf einen mittelalterlichen Unterbau setzte.

Südlich nahebei, an der Georgenstraße (Pl. AB2), steht, etwas zurückversetzt, die kath. **St.-Georgs-Kirche**, eine 1490–1505 erbaute Basilika; sie gehörte zu einem Augustinerstift. Der Turm stammt im Unterbau noch von einem romanischen Vorgänger des 12. Jhs., seine Obergeschosse sind von 1681. In der 1956 erneuerten Kirche sind beachtenswert eine romanische Knotensäule unter der neuen Kanzel, die überlebensgroße Marmorstatue des Salvators, wohl von Loy Hering, der Überrest eines 1512 geschaffenen Altars und das Epitaph Fellmann von G. Erhart (1497). Die Stiftsgebäude baute 1705 Hans Georg Mozart, Urgroßonkel des Komponisten und Werkmeister des Domkapitels.

Stadtbesichtigung 5: Die nähere Umgebung

Synagoge – St.-Michaels-Kapelle – Stadtgarten – Kongreßhalle – Kunsthalle – Hessingsches Kurtheater – Universität – Botanischer Garten – Zoologischer Garten – Siebentisch-Wald – Spinnerei Aumühle – Wolfzahnau – Oberhausen

Zwischen Hauptbahnhof und Königsplatz liegt in der Halderstraße die **Synagoge** (Pl. B4), ein Prachtbau des Jugendstils. Die Synagoge wurde in den Jahren 1914–1917 von den Münchner Architekten Fritz Landauer und Heinrich Lömpel erbaut und 1938 in der „Reichskristallnacht" leicht beschädigt. Nach der Innenrestaurierung erstrahlt sie seit 1985 in altem Glanz. In orientalisch-byzantinischem Stil schimmern Gewölbe und Kuppel in dunklem Blau, unterbrochen durch goldene Mosaike. Die Ausgewogenheit von Material und Farbe verleiht dem Ort eine ganz besondere Atmosphäre. Im westlichen Seitentrakt das *Jüdische Kulturmuseum*.

Die **St.-Michaels-Kapelle** (Pl. B5) auf dem Kath. Friedhof an der Hermanstraße ist als einer der frühesten Zentralbauten des Barock diesseits der Alpen von baugeschichtlichem Interesse. Elias Holl zeichnete den Entwurf, sein Bruder Esaias führte ihn 1605 über ovalem Grundriß aus.

Im Südwesten, jenseits des Hauptbahnhofes, liegt ein 800 m langer Park, bestehend aus dem neugestalteten **Stadtgarten** (Pl. A6), dem westlich anschließenden Wittelsbacher Park (Pl. jens. A6) und, am Südende, dem Rudolf-Diesel-Gedächtnis-Hain (1957), Stiftung eines japanischen Industriellen. Nach Südwesten folgen die 1965 errichtete *Sporthalle* für 4500 Besucher und das *Rosenau-Stadion* (Pl. jens. A6) für 38 000 Zuschauer.

Die **Kongreßhalle** (Pl. A6), die 1972 im Südteil des Stadtgartens erbaut wurde, ist ein niedrig gehaltenes Betongebäude (Max Speidel), das Kongressen, Tagungen, Konzerten sowie kulturellen und gesellschaftlichen Veranstaltungen dient. Im Zentrum liegen das Foyer (500 Gäste) und der Kongreß-Saal (800–1400 Gäste), an der Nordseite der Mozartsaal (250–350 Pl.).

Ein paar Schritte entfernt, direkt gegenüber der Kongreßhalle, befindet sich die **Kunsthalle** am Wittelsbacher Park, wo seit 1985 deutsche Kunst des 19. u. 20. Jhs. und wechselnde Präsentationen aus den Beständen der Bayerischen Staatsgemäldesammlungen gezeigt werden. Zu sehen sind hier u. a. Meisterwerke von Jean Arp, Max Beckmann, Lovis Corinth, Wassily Kandinsky, Ernst Ludwig Kirchner, Paul Klee, August Macke und Franz Marc.

Südlich schließt der 1972 eingemeindete Stadtteil **Göggingen** an. Hier hat seit 1855 die *Zwirn- und Nähfadenfabrik Ackermann-Göggingen* ihren Sitz. Die Firma beschäftigte um die Jahrhundertwende bereits etwa 1000 Arbeiter und war somit der viertgrößte Textilbetrieb im Augsburger Industriegebiet. Den alten Fabrikhochbau von Jean Keller in der Apprichstraße 2 kann man nur von außen besichtigen, zugänglich sind jedoch die Arbeiterquartiere, die 1873–1877 von der Firma in der Fabrik-, Felsenstein- und Waldstraße erbaut worden sind.

Ein Kleinod auf seine Art steht am Klausenberg 6: das **Hessingsche Kurtheater**. Der Eisen-Glas-Bau wurde 1886 nach Plänen des Augsburgers Jean Keller im Stil der Palmenhäuser errichtet (einziges erhaltenes Theater dieser Art in Europa!), damit sich die Patienten der Hessingschen Kuranstalt (Orthopädie) hier vergnügen konnten. Orientalische Dekorationen, buntes Glas und tropische Pflanzen gehörten zur Ausstattung. Durch einen Brand 1972 wurde alles bis auf die Eisenkonstruktion zerstört. Das 1995 wiederhergestellte und eröffnete Haus wird für Theatergastspiele und private Festveranstaltungen genutzt. – Die *Anstaltskirche* (Zugang Hessingstraße) besitzt eine vollständig erhaltene neugotische Innenausstattung. Die bizarren, ornamentierten Architekturen der Schnitzarbeiten und die blauen Glasfenster vermitteln einen harmonischen Eindruck. Die Klinik für Orthopädie mit Spastikerzentrum, Rehabilitationszentrum und Sonderschule (Felsensteinschule) hat in Fachkreisen einen guten Ruf.

Zwischen Eichleitner- und Schertlinstraße liegen die ersten Gebäude der **Universität Augsburg** (Pl. A 7). 1970 nahm die Universität an der Memminger Straße 6–14 den Betrieb auf. Zunächst wurden katholische Theologie, Wirtschafts- und Sozialwissenschaften und Jura gelehrt. Seit der Zusammenlegung mit der Pädagogischen Hochschule (1972) gibt es darüber hinaus zwei philosophische Fachbereiche und die Naturwissenschaftliche Fakultät. Weitere Bauten wurden seit 1975 3 km südlich in Hochfeld (Universitätsstraße) errichtet. Sie liegen auf dem einstigen Flugplatz der berühmten Messerschmittwerke und beherbergen neben einem großen Hörsaaltrakt u.a. die Geisteswissenschaften, ein Rechenzentrum, Staatsarchiv, Mensa und Zentralbibliothek.

Vom Roten Tor (S. 43) führt ein Spazierweg durch die Baumgartnerstraße (Pl. D7) in die schöne, alte Bäume aufweisenden **Siebentisch-Anlagen** und zum **Botanischen Garten**, der in Glashäusern und im Freien Pflanzen aus aller Welt kultiviert.

Von all den interessanten Abteilungen sind seit der Landesgartenschau 1985 drei ‚Teilgärten‘ hervorzuheben: Es gibt einen Inverness-Garten, Dayton schickte einen Zuckerahorn, und die japanischen Partnerstädte Amagasaki und Nagahama legten einen prachtvollen Japanischen Garten an. Pavillons, Steinlaternen, Gegensätze zwischen Wasserfallsteinen und Holzkonstruktionen – man spürt die Sorgfalt, mit der die Planer und Gestalter ans Werk gingen.

Etwas weiter südlich liegt der **Zoologische Garten** (Pl. südl. E 7) mit über 2000 Tieren und ca. 380 verschiedenen Arten aus aller Welt. Seinen Mittelpunkt bildet eine riesige Freianlage, mit über 3 ha Fläche eine der größten ihrer Art in Europa, auf der sich die Tiere wie in freier Wildbahn tummeln. Attraktionen für Kinder sind der Streichelzoo ‚Alpenland‘ mit Mini-Dampfbahn, Robben-Schaufütterungen und Elefantenreiten. Omnibuslinie 32 ab Hauptbahnhof über Königsplatz. Öffnungszeiten s. S. 13.

Die Siebentisch-Anlagen gehen in den ausgedehnten **Siebentisch-Wald** über, Augsburgs beliebtestes Naherholungsgebiet. Zu Fuß kommt man in ca. $\frac{1}{2}$ Stunde zum **Hochablaß**, einer Wasserversorgungsanlage mit Stauwehr am rauschenden Lech, die zuerst im frühen Mittelalter angelegt wurde. Hier wurde als künstlicher Nebenfluß des Lech für die XX. Olympischen Sommerspiele 1972 eine 660 m lange Kanuslalomstrecke errichtet, die durch eingebaute Betonfelsen den Charakter eines Wildwassers erhielt. Bootshallen und andere Gebäude sowie ein Restaurant ergänzen die Anlage, die seit den Spielen den Kanuten als Leistungszentrum dient.

Östlich des Zentrums von Augsburg liegt in der Otto-Lindenmeyerstr. 30 der *Glaspalast*, die **Spinnerei Aumühle** (z. Zt. leerstehend). Dieses Gebäude (1910 vollendet) ist zugleich das letzte Beispiel eines Augsburger Fabrikpalastes und einer der ersten Stahlbetonskelett-Großbauten in Deutschland.

Am nördlichsten Teil der **Wolfzahnau**, einer idyllischen Landzunge am Zusammenfluß von Lech und Wertach, steht ein *Kleinkraftwerk* der Baumwollspinnerei am Stadtbach. Diese Spinnerei begann bereits im Jahre 1900, die Wasserkräfte für sich zu erschließen – im Gegensatz zu den Konkurrenzunternehmen, die mit Turbinen betrieben wurden. Schwer zugänglich (vom Lech aus).

In **Oberhausen**, nordwestlich vom Zentrum gelegen, steht in der August-Wessels-Straße die gleichnamige *ehem. Schuhfabrik*. Der Bau stammt aus den Jahren 1903/1904, wurde von Jean Keller entworfen und repräsentiert den Baustil kurz vor dem Ersten Weltkrieg: Glas-Betonkonstruktion mit Kuppeln, Türmen und feudalem Einfahrtstor.

SACHREGISTER

Zusammengefaßt sind Brunnen, Kirchen und Museen.

Anna Gymnasium 53
Augsburger Puppenkiste 16, 44
Bastion Lueginsland 59
Bastion Oblatterwall 49
Botanischer Garten 61
Brecht-Haus 46
Brunnen
  Augustusbrunnen 27, 33
  Goldschmiedebrunnen 53
  Herkulesbrunnen 27, 37
  Merkurbrunnen 27, 36
  Neptunbrunnen 48
Burggrafenturm 57
Confessio Augustana 26, 29
Damenhof 36
Dominikaninnenkloster, ehem. 38
Drei Mohren, Hotel 37
Eisenbahnhof, Erster 43
Freilichtbühne 43
Fuggerdenkmal 50
Fuggerei 47
Fuggerhäuser 36
Fünfgratturm 49
Göggingen 60
Goldener Saal 29, 34
Goldener Saal, kl. 58
Haindlsche Stiftungshäuser 49
Handwerksbetriebe 43, 45
Heiliggeistspital 44
Hessingsches Kurtheater 61
Hochablaß 29, 62
Hofkastenamt, ehem. 57
Holbeinhaus 45

Jakobertor 49
Jakoberwall 49
Kathanhaus 38
Kirchen
  St. Anna 51
  St. Antonius-Kapelle 45
  Barfüßerkirche 46
  Dom 23, 53
  Dominikanerkirche 26, 44
  St. Galluskapelle 59
  St. Georg 59
  Heiligkreuzkirchen 57
  Herz-Jesu-Kirche 28
  Hessingsche Anstaltskirche 28, 61
  St. Jakob 48
  St. Katherinen, ehem. 38
  St. Margarethen 44
  Maria Stern 34
  Markuskirche 48
  St. Maximilian 49
  St. Michaelskapelle 60
  St. Moritz 35
  St. Peter 35
  St. Stephan 58
  Synagoge 28, 60
  St. Ulrich 23, 40
  St. Ulrich und Afra 23, 41
Kongreßhalle 60
Köpf-Haus 50
Maximilianstraße 33
Mozarthaus 58
Museen
  Deutsche Barockgalerie 38
  Fuggerei-Museum 48
  Kunsthalle 60

Maximilianmuseum 50
Naturmuseum und Planetarium 58
Neue Galerie 38
Römisches Museum 44
Schwäb. Handwerkermuseum 44
Staatsgalerie 38
Neuer Bau 35
Oberhausen 62
Perlachturm 35
Rathaus 33
Regierung v. Schwaben 57
Dr.-Roeck-Haus 39
Römermauer 57
Rosenaustadion 29, 60
Rotes Tor 43
Schaezlerpalais 27, 37
Schüle-Manufaktur 28, 43
Siebentisch-Anlagen und -Wald 61, 62
Spinnerei Aumühle 62
Stadtgarten 60
Stadtmarkt 53
Stadtmetzg 46
Stadttheater 57
Turamichele 26, 35
Universität 21, 61
Vogeltor 43
Wasserrad am Schwallech 44
Wassertürme 43
Weberhaus 35
Welserhaus 50
Wertachbrucker Tor 59
Wolfzahnau 62
Zeughaus 36
Zoologischer Garten 62

PERSONENREGISTER

Afra, Heilige 22, 29, 41
Amberger, Christoph 31, 38, 52, 56
Augustus 22
Bernauer, Agnes 30
Brander, Georg Friedrich 31
Brecht, Bertolt 32, 46, 49
Breu, Jörg d. Ä. 30, 38, 52
Burgkmair, Hans d. Ä. 30, 36, 38, 44, 52
Diesel, Rudolf 28, 32
Dillingen, Hartmann v. 29
Drusus 22
Feichtmayr, Franz Xaver 31, 38
Feichtmayr, Gebrüder 37, 44, 45, 51

Frenzel, Curt 32
Fugger-Familie 29, 36, 44
Fugger, Andreas 29
Fugger, Georg 47, 50, 52
Fugger, Hans 24, 30
Fugger, Hans Jakob 50
Fugger, Jakob (der Ältere) 30
Fugger, Jakob (der Reiche) 26, 30, 36, 47, 52
Fugger, Philipp E. 39
Fugger, Ulrich 47, 48, 50, 52
Haindl, Georg 28, 32, 49
Höchstetter-Familie 30, 44
Holbein, Hans d. Ä. 30, 45, 55

Holl, Elias 31, 33, 35, 36, 43, 44, 46, 59, 60
Holl, Johannes 34, 52
Holzer, Joh. Ev. 31, 38
Kilian, Wolfgang 31
Luther, Martin 26
Maximilian I. 30, 41
Messerschmitt, Wilhelm 29, 32
Mozart, Leopold 32, 58
Neuhofer, Georg 31
Peutinger, Konrad 30, 57
Schönfeld, Joh. Heinr. 31, 38
Schüle, Joh. Heinrich 28, 32
Tiberius 18, 22
Ulrich, Bischof 23, 29, 35, 41
Vries, Adriaen de 36, 37, 50
Welser-Familie 29, 50

Baedekers

Ihr Stadtführer

Programm

Augsburg	001
Bamberg	002
Basel	090
Berlin (kleine Ausgabe)	004
Berlin (große Ausgabe)	101
Bonn	066
Bremen/Bremerhaven	060
Freiburg	010
Hannover	058
Heidelberg	013
Konstanz	062
Leipzig	025
Lübeck	019
Mainz	074
Mannheim	021
Nürnberg	024
Regensburg	026
Trier	030
Wiesbaden/Rheingau	076